Le Bonsaï pas à pas

Benoît Grandjean

Principes fondamentaux pour pratiquer et réussir ses premiers bonsaï

collection PAS à PAS

Édisud

« Il ne faut pas demander des fruits à un jeune arbre,
mais bien des fleurs seulement. »

Les Aventures de Tom Pouce, Prologue, P.-J. Stahl.

« Les baobabs, avant de grandir, ça commence par être petit. »

Le Petit Prince, A. de Saint-Exupéry.

ÉDISUD, UN ÉDITEUR DE LA COMPAGNIE DES ÉDITIONS DE LA LESSE
AIX-EN-PROVENCE – FRANCE
Tél. 04 42 21 61 44/Fax 04 42 21 56 20
www.edisud.com – e. mail : commercial@edisud.com

ISBN 978-2-7449-0077-8

Connaissances premières pour pratiquer et réussir ses premiers bonsaï

- **Les soins urgents**
- **Les connaissances élémentaires**
- **Les techniques**
- **Les idées de formation**

Rares sont les amateurs chevronnés, ayant accumulé des années d'expérience, qui peuvent montrer leurs tout premiers bonsaï.

En effet, ces derniers ont souvent été victimes de la nécessité d'apprendre.

Aussi se lancer dans cette aventure est-il souvent assimilé à une mission périlleuse. Et l'achat du premier arbre à un pari audacieux. La vie du passionné risque, semble-t-il, d'être bouleversée par une responsabilité si écrasante pour un si petit arbre. Comment ce souci désormais quotidien, alimenté par un être aussi silencieux qu'exigeant, pourrait-il conduire à une quelconque sérénité ?

Ce livre a été conçu spécialement pour celle ou celui qui débute, imprégné de cet enthousiasme sincère, traversé d'inquiétudes. Par quels moyens éviter ces si désagréables premiers sacrifices ? Peut-on accéder directement à la réussite ?

Ce guide pratique présente les informations essentielles pour **comprendre** ce qu'est un bonsaï et son entretien au quotidien. Les écueils les plus fréquents sont traités en détail. Chaque sous-partie s'accompagne d'une série de **Questions Fréquemment Posées** (**QFP**) qui mettent en situation les données théoriques et pratiques. Plusieurs séries de photographies montrent, pas à pas, la marche à suivre pour des opérations préjugées difficiles.

Plusieurs exemples simples montrent la prise en main de bonsaï du commerce et la création de véritables bonsaï à partir de plants de pépinière.

Étape par étape…

En avant pour l'aventure !…

Podocarpus macrophylla, pin des Bouddhistes

Pinus pentaphylla, pin blanc du Japon

La nouveauté…

Cultiver un arbre en pot…
à des fins esthétiques…

Quelle drôle d'idée !…

…une idée pourtant plus que millénaire et vraisemblablement d'origine chinoise. Le Japon, pays très influencé par son voisin, adopta à sa suite le bonsaï ainsi qu'une partie non négligeable de sa culture – le bouddhisme, l'écriture, et bien d'autres formes d'art.

Si le terme bonsaï n'est employé que depuis la fin du XIXe siècle, la pratique qui consiste à créer des compositions dans des coupes et des poteries est issue d'une très longue tradition au cours de laquelle l'esprit, mais aussi la fonction de ces œuvres ont évolué. Les origines du bonsaï sont donc, paradoxalement, à la fois lointaines et relativement récentes.

Prunus sp.

pour des valeurs…

Un bonsaï n'est pas, historiquement, qu'une belle sculpture. Cette pratique s'est perpétuée parce qu'elle portait en elle des valeurs symboliques et religieuses. Ce sont les valeurs du taoïsme en Chine, puis celles du bouddhisme zen développé au Japon et du shintoïsme qui se sont successivement exprimées à travers l'art du bonsaï. Le bonsaï a adopté tour à tour et parfois de concert une fonction sociale, artistique, pratique, religieuse et, plus largement, spirituelle. Il en acquiert aujourd'hui une nouvelle que l'on pourrait qualifier d'éthique, à travers la sensibilisation à la protection de l'environnement. Le bonsaï reste d'actualité, si l'on peut dire, non pas tant en évoluant d'un point de vue formel mais comme reflet changeant d'un prisme d'universalité, dont l'apparence évolue discrètement selon l'éclairage que l'on veut bien lui donner.

…Aujourd'hui, chez vous !

Il n'est pas obligatoire de suivre à la lettre un courant de pensée oriental pour pratiquer le bonsaï !

Et celui-ci n'en perd pas pour autant son aura spirituelle. Si la pratique de cet art correspond à une recherche d'évasion, d'une sérénité, alors il est possible de vivre sa passion avec cette simplicité si chère aux Orientaux.

Cet état d'esprit commun est le reflet des valeurs propres à chacun, l'arbre est un symbole commun à toutes les cultures.

Acer palmatum
Érable du Japon

Une couronne de feuilles…

Acheter son premier bonsaï

L'acquisition du premier bonsaï n'est très souvent que le fruit du hasard. Cette découverte fortuite peut conduire chacun d'entre nous à se passionner et à se surpasser en élevant ses arbres au gré des saisons.

Cependant, l'achat lui-même est pour le débutant un pari très audacieux : ne connaissant de l'arbre ni ses exigences en culture, ni les principes de formation, il aura la tâche de les découvrir au plus vite. Fort heureusement, la production industrielle offre à l'amateur la possibilité de se faire la main sur des arbres robustes et peu onéreux.

Par quel bonsaï commencer ?

Deux critères sont à prendre en compte :

- **la taille du pot** et donc de l'arbre,
- **l'espèce** à laquelle il appartient.

Quelles sont les espèces les plus robustes ?

Les plus faciles à cultiver ?

Quelques contrevérités !

« Plus un bonsaï est grand, plus il est difficile à entretenir ! »

Il vaut mieux commencer par un bonsaï de taille moyenne (30 à 60 cm) en pot plutôt que par un petit arbre de moins de 20 cm en coupe. Cette bonne nouvelle ravira tous ceux qui souhaitent franchir le pas sans oser "prendre directement le grand modèle" ! Faites-vous plaisir.

« Les bonsaï d'extérieurs sont plus fragiles, surtout en hiver »

Les espèces les plus courantes, les moins chères, sont toutes d'origine tropicale. Elles doivent être protégées du froid en hiver.

Les arbres qui expriment le mieux le manque d'eau sont les arbres à feuilles caduques non vernissées.

1

État initial

2

Juste après la taille qui ne laisse que le
branches fines placée aux bons endroits. Le
racines ont aussi été réduites
(Travaux réalisés au début du printemps).

3

Création d'un bonsaï à partir d'un ficus du commerce (*Ficus wiandy*). Cette variété porte de nombreuses petites feuilles. 1 an et demi séparent premier et dernier cliché. Une poterie de grande taille a été choisie pour accélérer la croissance et donner une bonne autonomie vis à vis des arrosages.

1 an après, sous climat tempéré,
l'arbre a reconstitué des rameaux.
Les bourgeons terminaux
seront régulièrement ôtés
afin de favoriser la ramification.

Réalisation d'un bonsaï Ficus en 1 an

Acheter son premier bonsaï

Vérifiez sa santé !

Acheter un bonsaï mal en point ne viendrait à l'idée de personne.

Cela est cependant monnaie courante.

Et pourtant, vérifier la santé d'un bonsaï n'est pas une tâche bien difficile !

Remplacer la terre ?

Sol sec et dur ou bien humide et très collant : à remplacer rapidement par du terreau !

L'état des feuilles est un des meilleurs indices de l'état de santé de l'arbre, c'est en tous les cas le plus évident.

De nombreuses pousses signalent que l'arbre dispose d'énergie

Acer palmatum var. *fireglow*
Érable du Japon

Attention !
Les feuilles d'un arbre à feuillage caduque s'abîment rapidement en automne avant leur chute ; l'arbre est cependant en excellente santé.

Attention !
La majorité des arbres vendus en grande distribution sont des essences tropicales : elles doivent être bien pourvues de feuilles toute l'année.

Et les racines ?

Retirez-le du pot afin de vérifier l'état de ses racines !
Vous apercevrez des racines longeant la poterie, ainsi que de grosses racines coupées, vestiges de la mise en pot. Si les racines sont noires et se délitent facilement, elles sont pourries ! L'arbre est en danger ! Ne l'achetez pas !

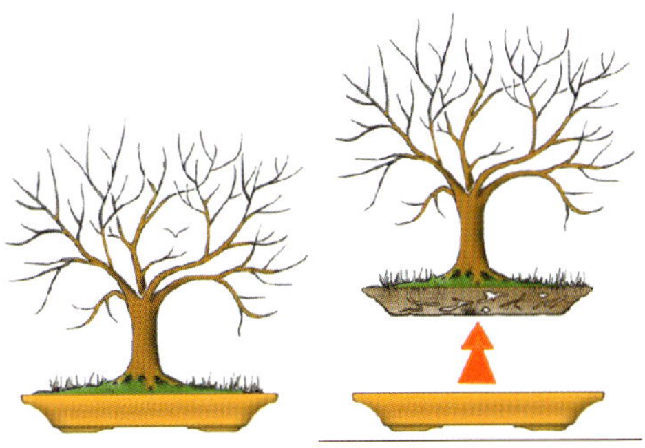

Il perd ses feuilles !!!! ?

Suite à un déménagement, ou tout simplement votre achat, une grande partie des feuilles tombe assez rapidement, certaines étant encore vertes… et pourtant l'arbre ne manque pas d'eau !
Il s'agit en fait d'un stress assez commun et sans danger : la baisse de lumière et de température sont un signal pour l'arbre, qui s'adapte de manière spectaculaire !

La bonne attitude consiste à s'occuper de lui de manière rationnelle : n'augmentez pas la fréquence des arrosages, ne la diminuez pas non plus (sous prétexte qu'il n'a plus de feuilles). Exposez-le en pleine lumière à une température d'environ 15°. De nouveaux bourgeons vont apparaître. Rabattez ensuite chaque pousse à trois feuilles.

Osez séparer l'arbre de son pot au vu et au su de tous !

C'est un geste, un réflexe, de connaisseur : si les racines sont en bon état, l'arbre est très certainement en excellente santé, et sa croissance reprendra au plus vite, une fois installé dans de bonnes conditions de culture.

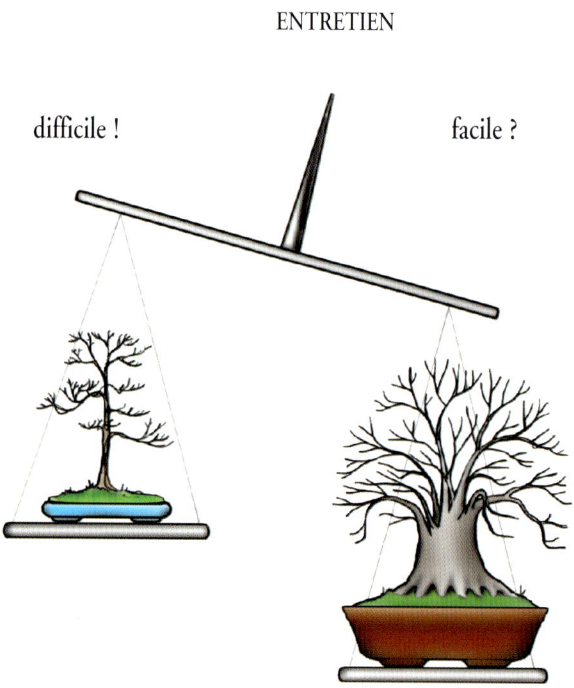

QFP

On m'a offert un bonsaï (*Serissa*). J'ai entendu dire par ailleurs qu'il ne s'agit pas vraiment d'un arbre, alors, est-ce un vrai bonsaï ?

S'il évoque pour vous un arbre, c'est un bonsaï !

L'âge annoncé pour les bonsaï que l'on trouve en grande distribution est-il fiable ?

L'âge joue, certes, un rôle dans l'estimation du prix d'un bonsaï, cependant, une distinction doit être faite entre l'âge de la partie la plus ancienne de l'arbre (il peut s'agir d'une souche transformée) et le nombre d'années de vie en pot sous forme de bonsaï. Il faut environ 5 à 10 ans pour créer un bonsaï. Sous climat tropical ce temps peut facilement être divisé par deux ou trois…

Y a-t-il une bonne saison pour acheter un bonsaï ?

Si vous souhaitez acheter un arbre en automne, vérifiez avant tout les racines et l'état du feuillage s'il s'agit d'un arbre à feuillage persistant. En été, seuls les arbres correctement cultivés sont encore en vie…

Quelle est la taille normale pour un bonsaï ?

La taille d'un bonsaï est inférieure à 1,20 m.

En appartement…

Cette souche de vigne vierge peut être utilisée pour créer un bonsaï

Conteneur à bouture et semis, boîte à idées

Ce plan de figuier (*Ficus carica*) fera un très beau bonsaï. Pincé régulièrement pendant la bonne saison, il sera mis en pot dès que la densité du branchage et le diamètre du tronc seront jugés intéressants. Retrouvez dans cette photo : le grenadier (p. 18) et le fusain nain (p. 34).

En bref !

- Comparez les arbres de même espèce entre eux.
- Vérifiez sans plus attendre l'état des racines : n'hésitez pas à désolidariser temporairement l'arbre et sa poterie pour cela.
- Généralement, pratiquement tous les arbres proposés à la vente sont récupérables. Il est cependant plus prudent d'acheter un arbre qui n'a pas séjourné trop longtemps sans lumière naturelle. Sa santé va dépendre des premiers soins et des conditions de culture que vous allez lui offrir.
- N'oubliez pas que si la santé de votre arbre est le minimum exigible, celui-ci doit cependant vous plaire !

Trucs et astuces pour l'arrosage

L'entretien d'un bonsaï ne nécessite pas forcément l'utilisation d'un matériel très spécialisé.

- une bassine de taille adaptée aux poteries
- des bidons ou des bouteilles pour des réserves d'eau peu calcaire
- un entonnoir, éventuellement muni d'un filtre
- un arrosoir à long col
- ou bien un tuyau d'arrosage muni d'un jet réglable.

L'arrosage permet de reconstituer les réserves en eau du bonsaï.

Petit pot = peu d'eau
→ arrosages fréquents !
Chaleur = évaporation

En appartement, l'arrosage peut être dispensé dans un évier, une bassine en plastique, une baignoire ou bien une douche. À vous de choisir le moyen le plus pratique.

Utiliser **une bassine en plastique souple** prévient tout risque d'ébréchure de la poterie suite à un geste maladroit.

TREMPAGE

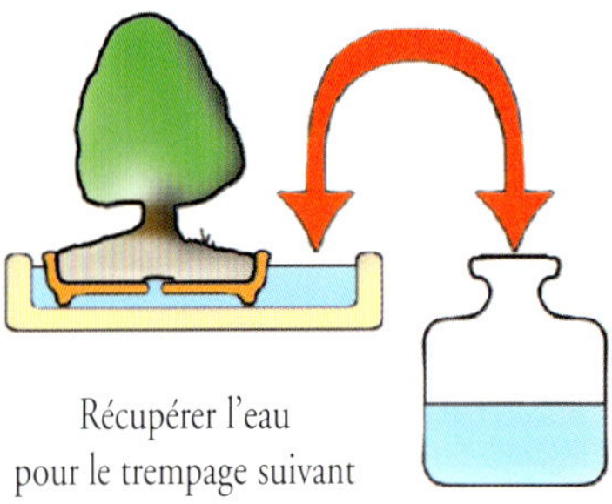

Récupérer l'eau pour le trempage suivant

Économiser l'eau !

La méthode **par trempage** est très pratique lorsque l'eau du robinet est trop chargée en calcaire : en effet, ce mode d'arrosage permet d'économiser le précieux liquide en recyclant l'excédent. Le bonsaï s'imprègne de la quantité d'eau utile, le reste du liquide peut alors être récupéré pour un arrosage ultérieur.

Cette eau récupérée est... sale ! ?

Elle contient effectivement des impuretés provenant des particules de terreau, elle ne peut donc pas être utilisée en vaporisation sous risque d'obstruer rapidement l'appareil. Elle est souvent de couleur jaune : elle s'est enrichie en molécules organiques et minérales bénéfiques. Ainsi la méthode par trempage permet-elle d'optimiser les apports en engrais : 100 %. Par conséquent, en été, une réduction des apports en fertilisants est indispensable, car les engrais restent dans le circuit alors qu'une grande partie de l'eau s'évapore.

Dans la douche ou dans la baignoire, on peut procéder à un arrosage **par bassinage** (arrosage à grosses gouttes). Cet arrosage doit être suffisamment long afin d'imprégner la terre du bonsaï en profondeur. On laisse ensuite l'arbre dans l'humidité ambiante ainsi créée durant toute la nuit. Les arbres ayant manqué d'eau tireront profit de cette atmosphère saturée en humidité.

BASSINAGE

Un bassinage réhydrate l'arbre et dépoussière les feuilles

De l'eau douce

• **Eau du robinet, eau minérale, eau de source ?**
Constituer un stock d'eau moins chargée en calcaire que celle du robinet ne passe pas nécessairement par l'achat d'eau minérale. Fort heureusement. Profitez d'une balade pour ramener de l'eau de rivière ou de source ; récupérez l'eau de pluie, si possible.

• **Exposé à la lumière,** un dépôt vert constitué d'algues microscopiques ne tarde pas à se former ; il n'altère en rien la qualité du liquide, au contraire, la présence de ces algues démontre que l'eau ne contient pas de substances toxiques susceptibles d'abîmer les racines ; en revanche, elle contient des sels minéraux dissous à partir desquels ces algues inoffensives se développent.

Bonsaï de jardin ou bonsaï d'appartement ?

En appartement

→ c'est sur le rebord de la fenêtre ou du balcon.

Dehors, dans le jardin

→ arrosage à grande eau !

Acheter un outil

Coupes disgracieuses ?

Branche impossible à atteindre ?

Le sécateur est trop volumineux, il coupe mal les petites branches ?

Vous avez alors effectivement besoin d'un outil à bonsaï !

Les ciseaux à bonsaï ont des longueurs variées.

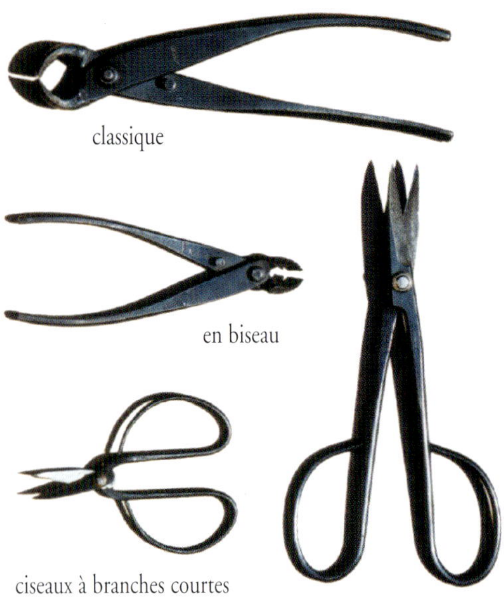

Outillage minimum

Les ciseaux à branches longues permettent d'accéder à des branches enfouies sous la ramure.

Les pinces concaves sont utiles pour couper au plus près, sans laisser d'ergot. Le terme de pince est généralement employé même s'il s'agit bien ici d'un outil de coupe.

Il en existe deux catégories : en biseau ou classique.

Il peut être nécessaire d'acquérir une deuxième paire de grande taille pour travailler de gros sujets.

À l'achat, vérifiez aussi l'alignement des deux lames, la pince étant en position fermée (pinces concaves).

ATTENTION !

Les outils tranchants sont les plus fragiles !

Un outil à bonsaï ne doit pas être utilisé comme un sécateur à tout faire. Il s'agit d'un outil de précision adapté à un usage spécifique.

- se méfier des chutes inopinées (les ciseaux qui s'échappent de la main),
- ne jamais couper du fil métallique sous peine d'ébrécher la lame,
- ne pas les oublier dehors, car ils rouillent rapidement.
- un graissage régulier s'impose.
- couper un axe en tenant compte de la capacité de l'outil, éviter de forcer sur l'assemblage des pièces pour ne pas créer de jeu entre celles-ci.
- nettoyer régulièrement les lames avec un chiffon imbibé d'alcool pour ne pas propager d'éventuelles maladies d'un arbre à l'autre.

CES OUTILS SONT TRÈS DANGEREUX POUR LES ENFANTS !

En bref !

- La **pince concave** est le seul outil spécifique absolument indispensable !
- Achetez **pièce par pièce** des outils de qualité supérieure au fur et à mesure des besoins.
- Si vous souhaitez absolument investir, l'achat de **poteries** aux coloris et aux formes variées sera bien plus utile pour la suite…

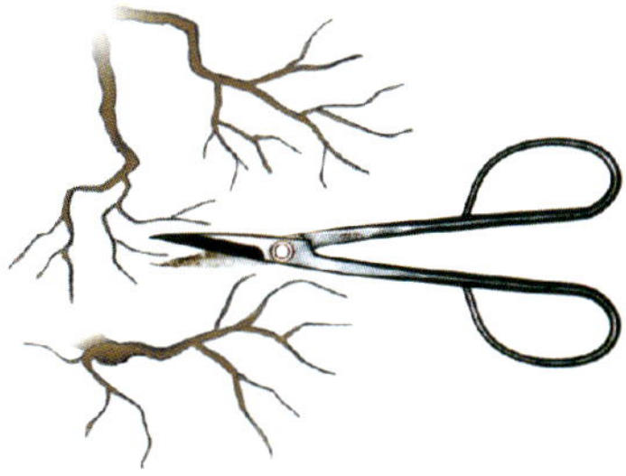

Les ciseaux à **branches longues** permettent d'accéder à des branches enfouies sous la ramure.

Astuces !

- Lorsque vous glissez les ciseaux longs à l'intérieur de la ramure, gardez-les fermés, cela vous évitera de couper par inadvertance un rameau voisin. Un rameau peut en cacher un autre…
- La taille élimine près de 90 % des pucerons (ces derniers apprécient plus particulièrement les pousses jeunes et tendres dans lesquelles affluent la sève). Un traitement léger à base de produit biologique (pyrèthre, rothénone) complète efficacement le soin.
- Nettoyez et graissez très régulièrement les outils tranchants.

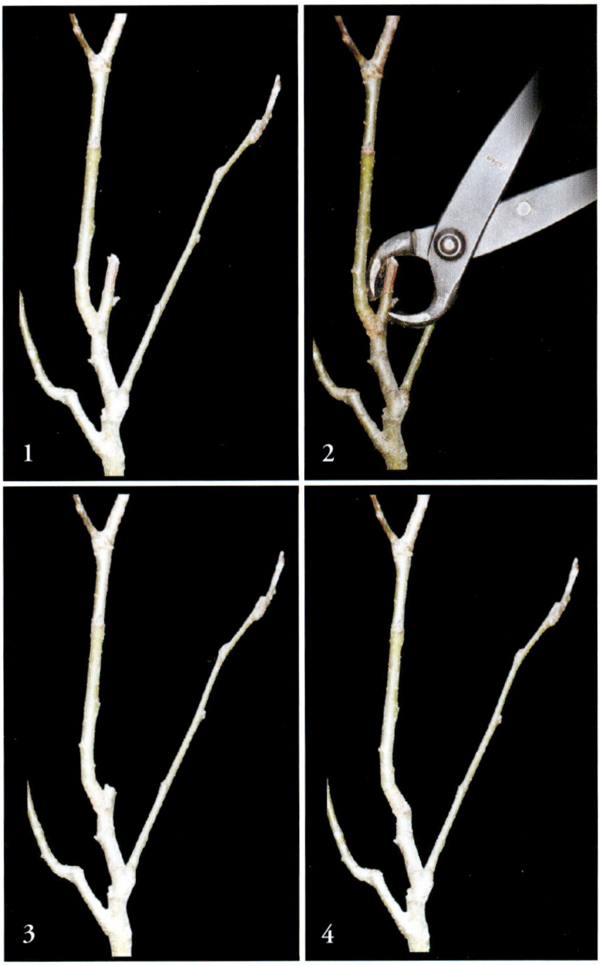

Coupez les ergots sans laisser de trace…

Correction
de la ligne du tronc

Ulmus chinensis
Orme de Chine

Un changement de pot s'impose !

Ombre chinoise

Punica granatum
Grenadier

Avant et après la taille de forme

Le bonsaï, cet inconnu… n'est pas fragile !

Un arbre cultivé en pot est aussi résistant que s'il se développait en pleine terre.

Le transport

À éviter !

- **l'excès de chaleur,** qui déshydraterait rapidement votre arbre : ne l'oubliez pas dans votre voiture en été, **un arrosage avant le départ** peut s'avérer indispensable.
- en plein été, **voyagez le soir ou le matin** de préférence.
- en hiver, protégez du froid pendant le transport tout arbre en feuilles (les tropicaux surtout).

Conditionnement assurant une protection mécanique des bonsaï pendant le voyage.

L'emplacement

Un être **discret** mais **prioritaire.**

Votre arbre a besoin de **beaucoup de lumière.**

- placez-le en pleine lumière, si possible **à l'extérieur**, sinon, juste derrière une fenêtre bien exposée.
- pensez à **le tourner régulièrement**, surtout lorsque la lumière est latérale (derrière une vitre). Dans le cas contraire, la partie la moins bien exposée perdra progressivement ses feuilles tandis que l'autre s'hypertrophiera. Tous les jeunes rameaux se détournant et se dirigeant vers la lumière, ce qui donne à l'arbre une allure peu naturelle.

Pensez à **tourner régulièrement le bonsaï** afin que toutes les branches puissent profiter de la lumière

L'organisation

d'une pièce, d'une partie du jardin **dépend de la place occupée par le bonsaï.** Celui-ci se place en premier.

ATTENTION !

Lorsque l'arbre est relégué dans un coin, pour ne pas géner, il ne vit pas très longtemps…

En bref !

Afin d'éviter les mauvaises surprises, agissez avec votre bonsaï comme vous le feriez pour vous-même.

- Évitez **les écarts** de température, les insolations excessives.
- Évitez **les transitions brutales.**
- **Il ne doit jamais manquer d'eau !**

Astuces !

Les arbres gélifs (tropicaux, subtropicaux et méditerranéens) se tiendront **près de la fenêtre dans une pièce peu chauffée.**

En plein hiver, **les arbres autochtones caduques** peuvent être stockés dans un endroit peu lumineux mais suffisamment frais.

PENSEZ

- aux besoins de lumière,
- aux contraintes d'arrosage,
- à la protection contre le froid.

La lumière diminue très rapidement à l'intérieur d'une pièce

Mettez-vous à la place de votre bonsaï !

Devinez ses besoins réels.

Les signes du manque d'eau
(à connaître absolument!)

Serissa sec
(manque d'eau ou surdosage en engrais).
La poterie était vraiment petite !...

- Des plantes ramollies

Lorsqu'une plante manque d'eau, elle se dégonfle !
Ses feuilles deviennent flasques…,
elles retombent ou s'incurvent,
deviennent plus ternes,
se crispent !

ATTENTION !

Les feuilles des conifères à aiguilles et des plantes à feuilles vernissées (houx, buis) sont recouvertes d'une cuticule particulièrement épaisse.
Les feuilles ne changent pas d'aspect !

- Se souvenir du dernier arrosage (il y a deux jours ?…),
- Tenir compte des conditions climatiques (changeantes),
- du poids total (avant et après arrosage),
- de l'autonomie (volume/profondeur du pot),
- de l'apparence de la terre sont les autres indices qui justifient un nouvel arrosage.

En cas de doute, un nouvel arrosage s'impose.

Astuce

Pour voir les effets de la déshydratation sans mettre le bonsaï en danger, coupez un rameau.

Au bout d'une demi-heure, constatez la différence avec ceux de l'arbre !

Deux rameaux d'érable, constatez la différence !

ATTENTION !

Il n'est pas conseillé d'attendre les signes de la déshydratation. **Anticipez** !

Un bonsaï ne doit **jamais** manquer d'eau, même lors du renouvellement des feuilles.

- l'arrosage est toujours franc : **l'ensemble de la terre doit être imbibée**, l'eau en excès doit s'écouler librement : tous les pots à bonsaï sont percés.
- ne laissez pas d'eau stagnante au contact de l'arbre : les soucoupes pleines d'eau sont à proscrire.
- assurez une bonne aération entre chaque arrosage : placez l'arbre à l'extérieur dès que cela est possible.

Bassinage : arrosage en pluie, jusqu'à ce que la terre soit imprégnée

Un cycle d'arrosage complet

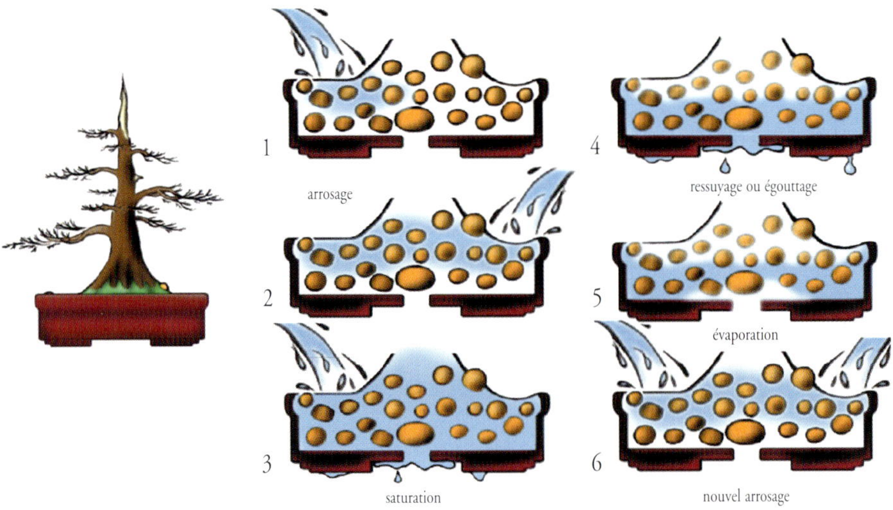

Les modalités d'arrosage

Arrosage en trois temps

Mon arbre manque d'eau !

Feuilles flapies ?

Menons l'enquête…

- Avez-vous donné **beaucoup d'eau** ?
  très (trop) souvent ? ⟶ 1 (souvent inquiet ?)
  alors, les **racines** de votre arbre commencent à **pourrir**.

Rempotez-le si le moment est propice, et arrosez moins souvent.

- Vous venez juste de le rempoter, coupé beaucoup de racines ? ⟶ 2 (perfectionniste ?)
  Les racines-pompe-à-eau sont altérées alors que les feuilles laissent toujours échapper de l'eau : l'arbre se vide.

Maintenez votre arbre dans un milieu saturé d'humidité, coupez des feuilles.

- Première fertilisation, dernier arrosage ? ⟶ 3 (généreux ?)
  Les racines sont brûlées par l'excès d'engrais.

Nettoyez-les de toute urgence à l'eau claire, si possible, profitez-en pour rempoter, changez la terre. Relisez attentivement la notice collée sur la bouteille !

- Oubli d'arrosage ? ⟶ 4 (zen très détaché ?)
  La Connaissance du Cactus est un livre qui vous intéressera.

Astuce

Pot plus profond
autonomie plus
grande !

Problème n° 1 : l'arrosage

1

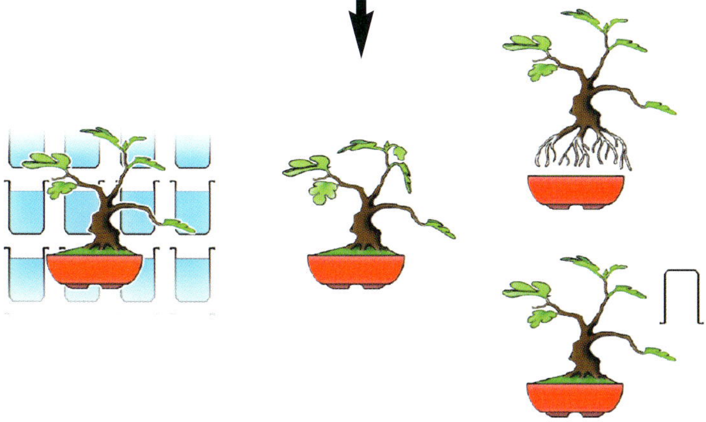

2

3

4

Un symptôme : plusieurs causes, plusieurs remèdes

Gérer les absences

Comment s'organiser pour les vacances ?

Il n'existe pas de recette toute faite mais **un ensemble de solutions à mettre en œuvre en fonction de plusieurs paramètres** :

le climat (du moins tel qu'il est prévu...),

la durée de l'absence,

le type d'arbre à protéger (cette espèce doit-elle être protégée du froid ?)

mais aussi...

tous les impondérables, les imprévus !

Donner une certaine autonomie à vos arbres permet de se concentrer sur la surveillance des maladies et de porter son attention sur l'esthétique.

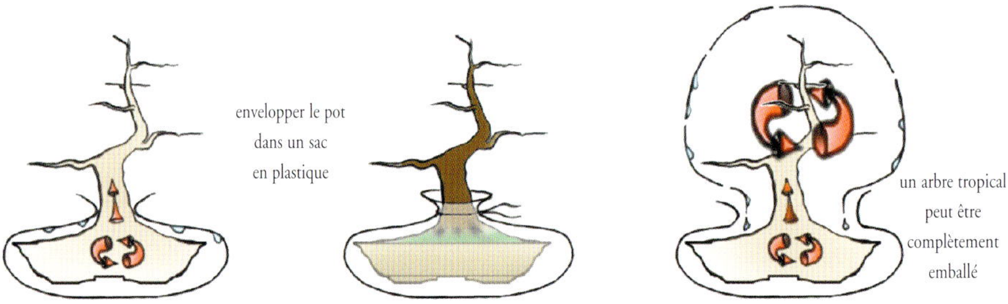

Une semaine en été, plusieurs en hiver (systèmes à réserve)

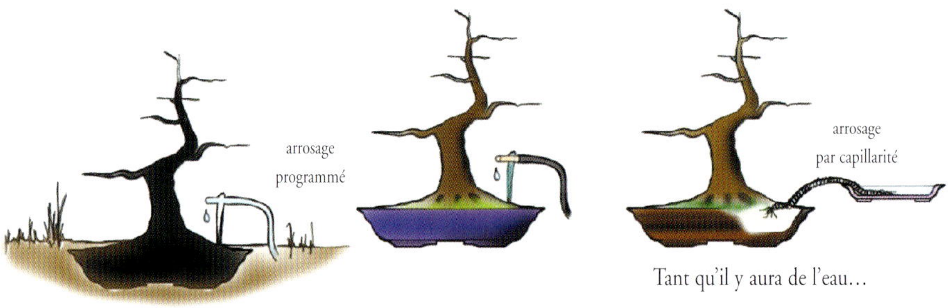

Tant qu'il y aura de l'eau...

Temps illimité

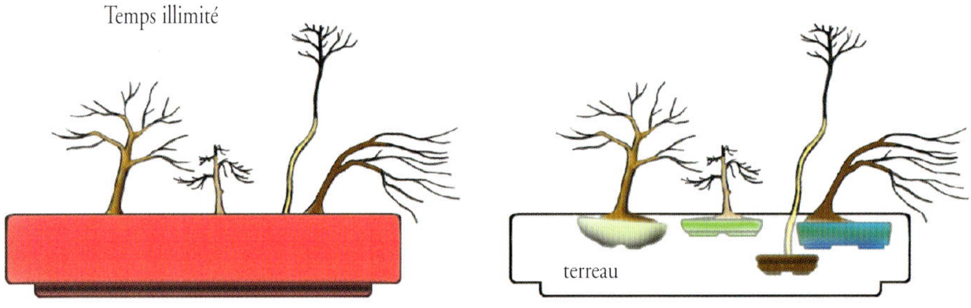

Variable selon la taille du récipient... (systèmes à réserve)

Systèmes d'arrosage visant à rendre le bonsaï autonome

Astuces

Les grandes tendances :

• L'hiver, période de repos végétatif, est la meilleure saison pour s'absenter (mais attention au vent et aux pluies excessives !).

• L'été est la saison "à flux tendu". Le moindre oubli se paie souvent par la mort du végétal (attention aux limites dans le temps pour les systèmes de réserve !).

Les fluctuations :

Un régime d'arrosage programmé ne s'adapte pas au temps qu'il fait.

Or :

• Au printemps, les fluctuations sont souvent importantes (pluies et périodes ensoleillées se succèdent).

• Durant l'automne, on observe souvent des variations brutales (pluies, vent, refroidissement).

La pratique du bonsaï implique celle de météorologue.
Jouez, pariez (?) avec le temps qu'il fera...

Les risques !

• Les chats

Protégez tous les arbres fraîchement rempotés en disposant des **pierres plates** sur la surface de la terre. De plus, ces cailloux protègeront des effets du vent, les racines affleurantes des coups de soleil.

• Le vent

Lestez les poteries en fonction de la prise au vent.

Attachez les poteries au support. Un pot couché rend le système d'arrosage inopérant.

Les arbres sont plus ou moins instables en fonction de leur forme et de la quantité de feuillage, et, bien sûr, lorsqu'ils viennent d'être rempotés.

• Un rempotage récent

Le rempotage nécessite une surveillance durant les deux semaines qui le suivent. Il est parfois nécessaire de supprimer des feuilles, de vaporiser régulièrement et de protéger du vent et du soleil.

• Un système défaillant

On n'est jamais à l'abri d'une défaillance du système d'arrosage autonome ou branché sur le réseau. Une **fuite** peut réduire, voire annuler l'arrosage. Quant à la **pile du programmateur**, elle doit être changée chaque année, au printemps.

- Un changement de place :

C'est aussi un risque souvent mal évalué, dont les effets sont inattendus. Un changement de place correspond à un changement des conditions de culture : ceci doit toujours être l'objet d'une surveillance (plein soleil...).

Ne pas changer les arbres de place de façon intempestive ou dans la précipitation du départ !

- Un changement brutal de météo (changement de saison).

Les dispositions prises lors du départ ne sont plus valables. Il est important de bien connaître les tendances climatiques et de prendre connaissance des prévisions météo à cinq jours avant une absence relativement longue.

Pouvoir faire confiance à un voisin est une garantie très appréciable, d'autant que l'on n'est pas à l'abri d'un vol pendant son absence. Cependant, n'hésitez pas à former la personne qui sera chargée de garder vos arbres, car, sous la pression des responsabilités, vous pourriez, entre autres déconvenues, retrouver quelques-uns des excès de vos débuts.

Vérifier chaque débit au moment où l'arrosage est programmé.

Les problèmes de température et d'arrosage sont liés : lorsque la température est basse, l'arbre perd peu d'eau par ses feuilles, il en pompe moins par ses racines, l'eau s'évapore moins vite du pot.

Astuces

- Augmenter la taille des poteries, cette disposition sauvera de nombreux arbres !
- Trouver l'endroit convenable en fonction de la saison.
- Faites une vérification générale avec votre voisin, notez chaque détail au fur et à mesure afin de lui faciliter la tâche.
- Tout fixer (arbre, pot, support, système d'irrigation).
- N'appelez pas le voisin plus d'une fois par jour.
- Dans l'attente d'une solution de contrôle par Internet et webcam, testez votre solution avant de partir, et ce, sur une semaine minimum !

Pour plus de sécurité, doublez, triplez la profondeur de la poterie : le problème de surchauffe sous un ensoleillement direct est réduit, l'autonomie vis-à-vis des arrosages et des apports en engrais est augmentée.

L'eau

doit être **à température ambiante**

ATTENTION !

- L'eau **calcaire** est nuisible envers des espèces telles que les azalées, les érables, le chêne-liège…

Astuce

Récupérez l'eau de pluie !

Elle provoque la **chlorose** : les feuilles jaunissent !

En outre, elle laisse rapidement un **dépôt**, une croûte blanchâtre sur le bord des poteries, la **mousse** régresse rapidement.

Dépôts de calcaire sur racines de Ficus

- Le **chlore** est **invisible** mais facilement décelable à l'odeur.

Il est utilisé pour **désinfecter** l'eau du robinet.

C'est un **toxique** qui justifie de **laisser reposer** l'eau une bonne demi-heure avant toute consommation, humaine ou végétale.

- Les microbes et les métaux lourds n'affectent pas les plantes !

N'achetez **pas d'eau en bouteille**,

Ne faites pas bouillir l'eau du robinet pour vos bonsaï !

Une gouttière facilite l'arrosage

ATTENTION !

Les **variations saisonnières** bien marquées constituent des pièges redoutables : restez vigilant.
Les **rythmes d'arrosage** doivent être adaptés en conséquence.

Une **plante témoin** met en évidence la nécessité d'un nouvel arrosage

QFP

Sur un flanc, toutes les feuilles de mon bonsaï se sont desséchées. Il ne s'agit pas d'une branche particulière.

La cause n'est donc pas interne à l'arbre. Il s'agit d'une **brûlure du feuillage**. Plusieurs origines sont possibles : un **produit de traitement phytosanitaire surdosé** par rapport à l'espèce considérée ou bien conjugué à l'action du soleil (Erables, les feuilles vernissées traitées avec de l'huile anticochenille), ou simplement **un ensoleillement excessif** peuvent en être la cause.

ATTENTION !

Le hêtre, les pins, les genévriers ne remplacent pas les feuilles brûlées ! Lorsque toutes les feuilles d'un rameau sont détruites, celui-ci se dessèche. Lorsque toutes les feuilles sont mortes, l'arbre est irrémédiablement perdu.

L'arrosage par trempage est-il conseillé ?

L'arrosage par trempage ou immersion est la meilleure méthode d'arrosage : la terre est totalement imprégnée. Le seul défaut de cette méthode est son caractère contraignant, lorsque l'on dispose d'une collection déjà conséquente. Avec, notamment, quelques sujets lourds, l'arrosage peut rapidement devenir… une corvée.

Je vaporise mes bonsaï, est-ce la bonne manière de les arroser ?

L'arbre absorbe, il est vrai, l'humidité de l'air par la surface de ses feuilles et de ses tiges. Cependant, cette humidité est trop fugace pour réhydrater convenablement l'arbre, la zone la mieux adaptée reste l'extrémité des racines : **un vrai arrosage consiste à apporter de l'eau aux racines**. Brumiser les feuilles est un complément (prévention contre les "araignées rouges", dépoussiérage).

Afin de ne pas être dépendant, je dispose mon bonsaï dans une coupelle constamment remplie d'eau. Ainsi, il ne manque de rien, c'est un Ficus tropical !

Ses racines vont rapidement pourrir, cela se verra au niveau des feuilles qui ne tarderont pas à tomber.

Au sec…!

En bref !

Modification **brutale** des conditions de culture → **problèmes en perspective** !

Ceci se traduit très souvent par la chute des feuilles (orme de Chine, *Serissa, Carmona*).

Astuces

Votre arbre a perdu ses feuilles (voir page précédente).

- Profitez-en pour le rempoter dans du terreau de bonne qualité. Et ne le traitez pas, car il n'est pas malade !
- Un tapis de mousse au pied de l'arbre l'embellit et maintient la terre lors d'un arrosage classique.
- En cas de problème, une réflexion sur les dernières manipulations est nécessaire :

quand l'ai-je arrosé pour la dernière fois ?

l'ai-je déplacé ?

ajout d'engrais dans l'eau d'arrosage ?

rempotagé recent ?

oubli en plein soleil ?

durant la nuit (fin automne) ?

Pluies (racines pourries...) ?

et vent (desséchant) ?...

Toutes ces modifications brutales auxquelles le bonsaï doit faire face, avec plus ou moins de réussite sont **prévisibles**. Il faut cependant souvent avoir fait les frais d'une erreur pour s'en souvenir et en tenir compte...

Un strapontin ?

Un arbre ?…

Temps nécessaire : 15 minutes

…d'inspiration chinoise

Reformation d'un *Ulmus chinensis*, orme de Chine

Arbre de Judée

mis en pot…

…évoque un grand arbre !

Temps nécessaire : 15 minutes

Vue d'oiseau

Un seul tronc a été gardé,
les autres sont transformés en bois mort ou coupés

Les rameaux sont coupés
juste au-dessus d'une paire de feuilles

Connaître les grandes lignes du fonctionnement des plantes est indispensable, car toutes les méthodes de culture, ainsi que les techniques propres au bonsaï en découlent.

Le bonsaï, est-ce… un arbre !?

Un bonsaï n'est

ni d'une espèce particulière,

ni une variété naine sélectionnée il y a fort longtemps…

Les **arbres** qui poussent dans votre jardin, mais aussi les **lianes** telles que le lierre, la glycine, sont cultivés en bonsaï.

Des **plantes naines**, des plantes **à petites feuilles** qui sont choisies précisément pour cette raison.

…Et les arbres à grandes feuilles font les grands bonsaï !

Les racines

Les 3 fonctions :

- Dans le tronc, les grosses racines, **l'arbre stocke des réserves.** Ce stockage permet la reprise, au printemps, des arbres à feuilles caduques.
- L'extrémité de chaque racine est très fine, elle est généralement blanche et pourvu de **poils absorbants** qui **pompent l'eau du sol.** On appelle cette zone terminale, **radicelle.** Les radicelles sont très **nombreuses** et très **fragiles.**
- Chaque petite racine participe à **la fixation de l'arbre au sol.** Après un rempotage, le bonsaï est instable. Il est parfois prudent de l'attacher à son pot. L'arbre ne doit pas être bougé car il émet de nouvelles radicelles très fragiles.

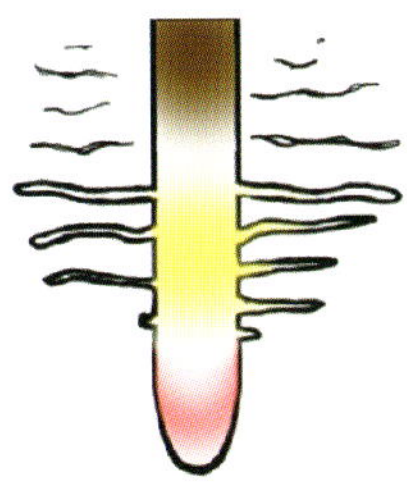

Extrémité d'une racine : c'est là que l'eau est pompée

Des racines fines et nombreuses (fusain nain)

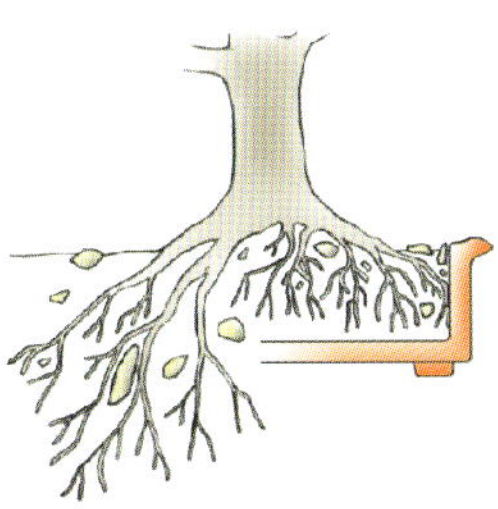

Schéma du collet aux radicelles : comparaison entre un arbre de plain-pied (à gauche) et un bonsaï (à droite)

La mise en pot va consister à tailler les racines qui, jusque-là, poussaient sans rencontrer d'obstacle (*Celtis australis*, 4 ans)

Du tronc aux rameaux

Votre bonsaï grandira, **toute sa vie durant**, de **deux manières** différentes.

Le moteur
de la croissance en longueur → **le bourgeon,**
de la croissance en épaisseur → **le cambium.**

Ce dernier est aussi fin et fragile qu'une feuille de papier ! Il s'agit d'une couche de cellules disposée tout autour du tronc, juste sous l'écorce.

Il épaissit progressivement le tronc,
vers l'extérieur, le **liège** a un rôle de protection,
le **phloème** conduit la sève élaborée par les feuilles.
vers l'intérieur, le **bois** ou **xylème** a un rôle de soutien ; il conduit la sève brute des radicelles jusqu'aux feuilles.

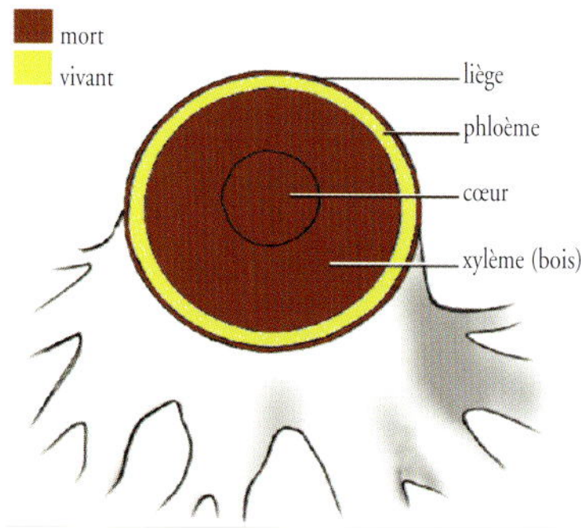

coupe transversale de tronc

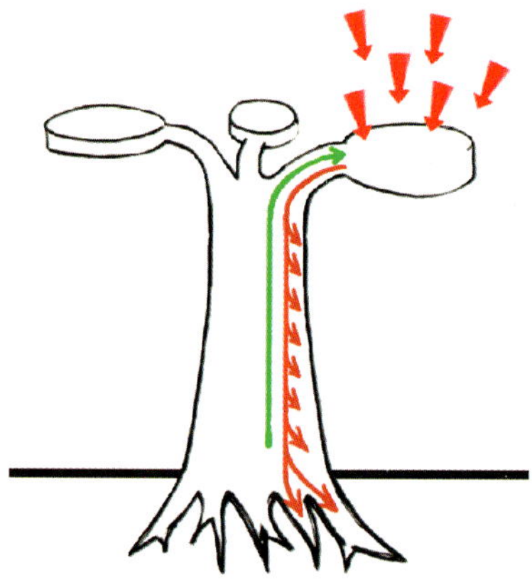
La sève brute monte des racines aux feuilles par le xylème, elle se transforme en sève élaborée qui redescend en empruntant le phloème

Le collet* de ce jeune pin reste nettement visible (*Pinus halepensis*, 6 ans)

*Le collet est la limite séparant l'appareil racinaire et le tronc

La base du tronc s'épaissit, se craquèle grâce au cambium

Les feuilles

Rameau de l'orme champêtre

- Elles réalisent la **photosynthèse** à partir de l'énergie lumineuse, de la sève brute et du gaz carbonique.

La lumière est la seule source d'énergie pour le bonsaï.

Protégez les feuilles !

- Elles **perdent de l'eau** par transpiration, cette eau est pompée par les racines.

Cet équilibre entre les racines et les feuilles est vital !

Astuce

Pour des raisons d'esthétique évidentes, ce sont **les arbres à petites feuilles** (ormes, érables, buis…) qui sont élevés en bonsaï. Cependant, des arbres tels que le châtaignier, les arbres fruitiers, et même le *Magnolia* peuvent l'être aussi. Leur taille sera comprise entre 1 m et 1,20 m (hauteur maximale pour un bonsaï).

En bref !

Le bonsaï doit être alimenté en eau en permanence.

Un soin particulier doit être accordé à l'extrémité des **racines** ainsi qu'aux **feuilles**. Ces organes sont **la pompe à eau** du bonsaï.

Bourgeonnement du tilleul (*Tilia* sp.)

Évolution du feuillage d'un bonsaï tropical (*Ulmus chinensis*, orme de Chine). Durant l'hiver, des feuilles jaunissent çà et là : l'arbre dispose de peu d'énergie lumineuse et se débarrasse progressivement des feuilles les plus anciennes (à gauche). En plein été, l'arbre étant en plein soleil, les feuilles produisent des pigments de protection (teinte rosée, à droite).

Les nouvelles feuilles sont momentanément plus petites que celles de l'année précédente (*Ligustrum japonicum*)

QFP

Je viens juste de rempoter mon bonsaï, or, ses feuilles se flétrissent…

Lors du rempotage, on touche plus ou moins aux extrémités des racines : c'est à cet endroit que l'arbre pompe l'eau du sol. Si l'arbre dispose, à ce moment-là, de nombreuses feuilles, alors un déséquilibre entre l'approvisionnement en eau et les pertes par évapotranspiration se manifeste : l'ensemble des feuilles se flétrit, l'arbre se dégonfle de son eau.

- coupez immédiatement une partie des feuilles en laissant les pétioles,
- coupez les feuilles les plus jeunes, arroser l'arbre et augmenter durablement l'humidité ambiante,
- placez-le à l'ombre,
- si la situation semble précaire, ne laissez qu'un quart de feuille par rameaux.

Plus la situation est grave, plus on réduit la surface des feuilles

ATTENTION !

- Incorporer du **fumier non décomposé**, fertiliser abondamment juste après un rempotage détruit les radicelles ! La terre est humide et pourtant l'arbre flétrit, car il ne peut plus pomper l'eau du sol.
- On ne peut réduire efficacement les feuilles de conifères à aiguilles et à écailles !

Acer palmatum var. *dissectum artropurpureum*

Acer palmatum

Les différentes catégories de bonsaï : l'origine des arbres

Tous les arbres vivent dehors !

On classe cependant les bonsaï dans les catégories suivantes :

Ulmus chinensis, orme de Chine,
Très apprécié pour sa robustesse et ses petites feuilles

- Les bonsaï de serre froide (origine subtropicale et méditerranéenne)

Quelques exemples : olivier, *Citrus*, *Serissa fœtida*, *Ficus carica*, *Podocarpus macrophylla*.

- Les bonsaï **non acclimatés** (origine tropicale et subtropicale) parfois qualifiés "d'intérieur"

Les bonsaï vendus en supermarché : *Ficus benjamina*, *Carmona microphylla*, *Ulmus chinensis*.

- Les bonsaï **acclimatés ou autochtones**

Petite liste (voir nombreux livres sur les arbres !) : érables, buis, houx, hêtre, ormes, les arbres du jardin, des squares et de la campagne environnante !

ATTENTION !

Ce classement est très discutable !

- Un arbre d'extérieur dans le sud de la France ne supportera pas forcément les rigueurs de l'hiver au nord de la Loire (exemple : l'olivier, plus généralement les arbres de serre froide).
- D'autres arbres, plus rustiques, restant dehors toute l'année, solliciteront une **protection ponctuelle** en cas de forte gelée.

Pour l'âge de l'arbre, il suffit de compter les cernes.
Ficus carica, figuier du Midi
15 ans (origine : marcotte)

Des pierres lestent le pot

Les pieds dans l'eau, en attendant

Coupes importantes : décrochages peu esthétiques !

Ficus carica
Figuier

Si l'on coupait la première branche, l'arbre semblerait déséquilibré !

Tout l'arbre, rien que l'arbre

Création à partir d'un plant de pépinière

Coupes importantes :
cicatrices peu esthétiques !

La ligne du tronc est rétablie
En attendant la cicatrisation...

Pour voir le résultat, rendez vous à la page 81 !

Tous les ergots inesthétiques rappelant les origines de la marcotte sont rabottés
On oublie le passé, la page est tournée...

Une plante-compagne pour compléter la scène

Récolte : 4 figues en 2001 : un dessert...

QFP

Mon orme de Chine produit de grandes pousses, il se déforme ! (mois de janvier). Est-ce normal ? Ne risque-t-il pas de s'affaiblir ?

Il n'est pas possible de supprimer une poussée de croissance sous prétexte que la saison n'est pas propice ! Le manque de lumière provoque l'allongement excessif des pousses. Une serre chauffée et très bien éclairée permet de limiter cela. Dans l'attente de meilleures conditions de culture, coupez chaque rameau en ne conservant que les trois premières feuilles.

Je viens de rentrer mon *Carmona microphylla*, il perd de nombreuses feuilles, certaines sont encores vertes ! (automne)

Mon *Serissa* perd des feuilles jaunes, d'autres sont plus petites, comme déformées

Mon orme perd des feuilles dont la couleur fait penser à une maladie, jaune, vert-gris et vertes. Je le conserve à une température de 10°C.

Ces trois descriptions correspondent, chez trois espèces différentes, au même phénomène. Un changement de conditions de culture provoque la chute des feuilles. Le processus est parfois très rapide de sorte que les feuilles sont encore vertes (1er cas), elles ont généralement le temps de jaunir (2e cas), leur couleur devient suspecte lorsque les pigments ne sont que partiellement dégradés, alors que la feuille se détache déjà, la température étant relativement basse (3e cas).

Mon orme de Chine a perdu toutes ses feuilles d'un seul coup, maintenant il produit de longs rameaux pas très esthétiques !

L'orme a réagi à un **changement d'exposition** ou une **baisse de température**. Le stress engendré fait tomber toutes les feuilles ! (voir question précédente)

Il redémarre ensuite, malheureusement, en hiver la lumière n'est pas suffisante : l'allongement des rameaux est un **signe d'étiolement**. La solution consiste à raccourcir chaque rameau à deux nœuds et à essayer de donner le plus de lumière possible.

Reprise d'un *Serissa fœtida* après la chute accidentelle des feuilles

Mon arbre pousse dans une terre très dure, de sorte qu'il est difficile de l'arroser : l'eau passe entre le pot et le bloc de terre !

Cette terre très riche en argile est idéale pour le transport de l'arbre lors de son importation. Cependant, elle n'est pas appropriée sous nos latitudes, car elle sèche trop lentement en hiver : **les racines s'asphyxient**.

Plongez votre arbre dans l'eau et enlevez délicatement la totalité de cette terre. Rempotez l'arbre immédiatement dans un terreau de bonne qualité (pour plantes en bac).

Peut-on cultiver un arbre à l'intérieur toute l'année ?

Un orme de Chine, un *Serissa* ou un *Carmona*, par exemple, supportent d'être installés derrière une vitre toute l'année à condition que la température hivernale soit relativement basse (10°C environ) et l'atmosphère relativement humide. Il est important de tourner l'arbre une fois par quinzaine environ. Cependant, **lorsque la température extérieur le permet, l'arbre est bien mieux dehors.**

Olea europaea
Olivier

Du conteneur de culture…

…au bonsaï

Le plus grand n'est pas celui
que l'on croit…
L'épaisseur des troncs
n'est pas modifiable,
la hauteur, si.

Cupressus sempervirens
Cyprès

Vue d'oiseau

Temps nécessaire : 20 minutes

Création à partir de plants du jardin

L'engrais

Se **nourrir** de lumière, de gaz carbonique, d'eau et de sels minéraux semble pour le moins original !

La **lumière** et le **dioxyde de carbone** (CO_2) sont nécessaires aux parties vertes, chlorophilliennes.

L'**eau** et les **sels minéraux** passent, pour une grande part, par les racines.

Les sels minéraux sont puisés dans le sol.

Le bonsaï dispose de **peu de terre**, de plus, les engrais sont facilement **emportés par l'eau d'arrosage**.

→ Votre bonsaï a besoin d'engrais "en plus".

Sinon, quels sont les risques encourus ?

Peu de pousses,

Des feuilles parfois décolorées et déformées,

Un aspect dégarni et chétif, à la longue.

Bref, un végétal inerte, avare de sa production et donc peu satisfaisant, qui sera tôt ou tard traité aux pesticides afin de l'aider à guérir d'un parasite introuvable.

L'engrais est sous forme
- **solide**, granulés ou poudre,
- **liquide**.

Il est
- **organique** si l'action de moisissures et bactéries le rend utilisable par le bonsaï,
- **minéral** lorsqu'une simple dilution dans l'eau le rend opérant.

De sa composition dépend ses effets.

NPK désigne ses principaux constituants :
- N **l'azote**, pour les parties vertes,
- P **le phosphore**, pour la croissance et les floraisons
- K **le potassium**, pour les floraisons, la résistance au froid

La plupart des engrais complets contiennent d'autres constituants
en très petites quantités, mais indispensables :
les **oligoéléments**, les **microéléments**.

ATTENTION !

- Les engrais contiennent des minéraux **toxiques** pour l'homme.
- Le lessivage :

Les engrais se minéralisent et se solubilisent. Il peuvent être utilisés par la plante ou bien disparaître avec l'eau de ressuyage !

D'où l'intérêt de **recycler cette eau** (voir la technique d'arrosage par trempage, p. 23).

- Ne pas fertiliser un bonsaï fraîchement rempoté !
- Une eau chargée de calcaire modifie le pH du sol. Certains minéraux jusqu'alors dissous deviennent indisponibles. La chlorose, une carence bien connue, en est une conséquence, la plante manque de fer pour fabriquer la chlorophylle. Les feuilles jaunissent, la photosynthèse faiblit : l'arbre est progressivement privé de nourriture. Les azalées perdent rapidement de leur vigueur lorsque le sol perd son acidité.

Astuces

- Les **engrais organiques** se décomposent lentement, les erreurs de dosage ne sont alors pas de mise.
- Action coup de fouet ou progressive : **deux stratégies** :

  les engrais liquides sont mélangés à **dose faible** pour l'arrosage quotidien

  ou bien distribués à la dose normale, plus espacés.
- On peut constituer une réserve d'eau "fertilisante" que l'on utilisera en alternance avec de l'eau "maigre".

Repousse en un an (*Prunus* sp.)

Juniperus chinensis
Manque d'engrais : le feuillage, vert clair, présente des pousses uniquement en bout de rameau (aucune nouvelle pousse à l'intérieur de la ramure). L'arbre ne peut pas se densifier dans ces conditions. Le sujet a été placé dans un grand pot et bénéficie maintenant d'une fertilisation et d'un régime d'arrosage adapté.

Le même sujet, 6 mois après
Le feuillage s'est densifié : de nouvelles pousses se déclarent à l'intérieur de la couronne
Il pourra dès l'année prochaine retrouver sa coupe, arrosages et fertilisations seront plus rapprochés, eu égard à la réduction du volume de terre (terreau pur relativement fin sans couche de drainage).

Pour revitaliser un bonsaï :
- rempotez-le dans un très grand pot
- veillez à ce qu'il ne mnque jamais d'eau
- donnez-lui de l'engrais pour plante verte, riche en N au printemp, plus riche en K et P en automne
- exposez-le dès que possible au soleil

La température

Ne faites pas subir au bonsaï ce que vous ne pourriez tolérer !

En hiver : minima

- les arbres d'origine tropicale exigent une température minimale d'environ 14°C
- les arbres de climat tempéré ne craignent pas de légères gelées.

ATTENTION !

Une humidité excessive peut entraîner l'apparition de moisissures fatales dans le tronc et des racines !

Un froid excessif peut faire mourir des branches.

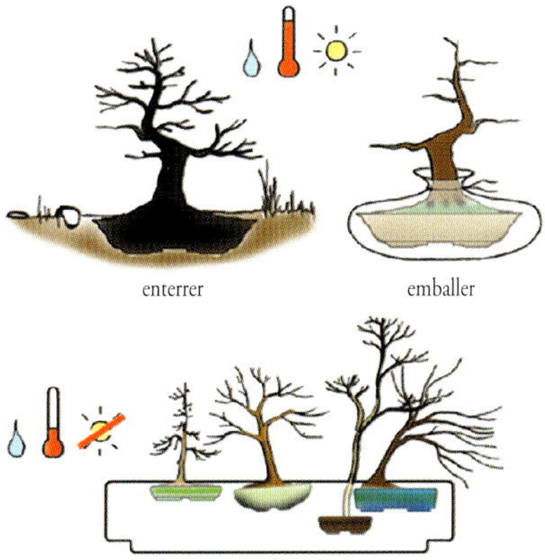

Divers systèmes de protection contre le froid

En été : maxima et variations brutales

ATTENTION !... à l'ensoleillement direct !

Un arbre qui peut s'adapter progressivement à l'ensoleillement sera plus résistant qu'un sujet brutalement exposé en plein soleil.

Lorsque vous changez votre bonsaï de place (vers plus de soleil), <u>une surveillance s'impose</u> !

Tous les arbres ne sont pas égaux ! (...devant le soleil)

Un arbre disposé sous une pergola ne risque pas d'être brûlé par les rayons du soleil

- Les feuilles de certaines espèces peuvent subir des brûlures en l'espace de quelques minutes (hêtres, érables).
- Les espèces tropicales supportent bien un fort ensoleillement.

ATTENTION...

Astuces

- L'ensoleillement entre **10 h et 17 h** est le plus **dangereux** en été.
- **L'arrosage permet indirectement de refroidir** l'arbre par évaporation au niveau des feuilles, mais aussi grâce à l'augmentation de l'humidité ambiante.

L'humidité ambiante protège : un bonsaï tropical se plaira forcément dans une salle de bain bien éclairée.

En été, un bonsaï demande **un entretien journalier**.

aux **écarts** de température !

aux **changements** de saison !

Brûler les feuilles peut **tuer** l'arbre ! (pins, hêtre).

> **Astuce !**
>
> Éviter de faire prendre inutilement des risques aux jeunes feuilles, en été. Placez l'arbre à mi-ombre (persiennes) ou bien sous le soleil du matin et du soir.

Scénario (&) catastrophes

- Scénario n° 1 : exposition soudaine

L'arbre n'était pas prêt. Sans écran total, l'épiderme des feuilles ne vire pas au rose. La feuille meurt.

- Scénario n° 2 : exposition progressive, mais manque d'eau

Les printemps secs et contrastés (froids la nuit, chauds le jour) sont redoutables ! Les arrosages doivent se rapprocher dans le temps : changement de régime, ou bien…

- Scénario n° 3 : exposition progressive pour plante fragile

Une plante ne change pas de nature : une plante gélive gèlera. Une plante qui craint les forts ensoleillement brûlera… même bien arrosée !

ATTENTION !

Une plante issue d'un bouturage ou d'un marcottage reste fragile durant quelques années après sa reprise, car son système racinaire est en retard.

Les jeunes feuilles brûlent plus facilement.

ATTENTION !

Le vent, l'insolation directe accélèrent la déshydratation. Ils varient rapidement en intensité !

Le plein soleil toujours sous surveillance. À mi-ombre, la tranquillité est assurée.

En bref !

Un bonsaï ne demande pas des soins démesurés, mais simplement **adaptés à ses besoins réels** : les arrosages ne sont en aucun cas réguliers, car il dépendent des conditions climatiques qui, elles, changent d'un jour à l'autre. Les séances d'arrosage sont **rapprochées en été**, saison durant laquelle l'eau est la préoccupation première. Elles sont **plus espacées en hiver**. Chaque saison, avec les modifications de culture qu'elle entraîne, demande de prendre des dispositions visant à réguler les apports en eau. Sous cet angle, il devient évident que plus la poterie du bonsaï est petite, plus l'entretien de celui-ci devra faire l'objet d'une attention étroite.

Tout se joue la première année.

LE BONSAÏ EST UN ÊTRE VIVANT

Ligustrum japonicum, troène du Japon
prélevé dans un jardin (H. : 4,52 cm)

Vue des hautes herbes

Ligustrum japonicum, troène du Japon
Un radeau…

Ligustrum japonicum, troène du Japon
Pour un destin commun…

La terre

C'est un **filtre** qui **laisse passer et retient** (un peu)

l'eau,

les engrais.

La terre n'est pas un bloc impénétrable, elle contient aussi **50 % d'air** !

Les principes de la terre à bonsaï :

nutritif * :

terreau **décomposé progressivement**

par les bactéries

et les moisissures

drainant :

gravier, sable grossier, pouzzolane

mais aussi terreau tamisé

morceaux d'écorce de pins

colmatant * :

"terre végétale", argile

Un rempotage dans une poterie plus grande accroît l'autonomie vis-à-vis des arrosages et de la fertilisation

*ATTENTION !

La terre à bonsaï ne doit pas être stérilisée !

Elle contient de nombreux microorganismes utiles.

*ATTENTION !

Matériaux à utiliser avec parcimonie sous climat pluvieux !

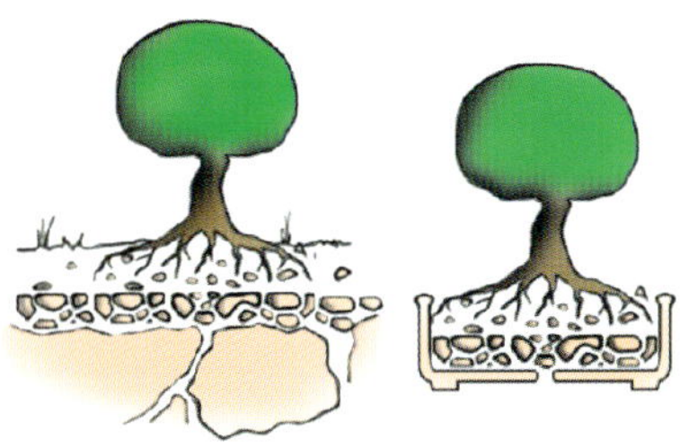

Reconstitution du sol à l'échelle du bonsaï : la poterie remplace la roche mère (tout un symbole)

Testez le drainage

Vous ayez opté pour
un substrat sans drainage particulier (en sélectionnant un terreau) ?
une couche de granulat au fond du pot ?

Vérifiez que l'eau d'arrosage s'écoule correctement après chaque arrosage copieux.

Il faut toujours imbiber totalement la terre !

Astuce

Drainage facultatif pour poteries très plates.

Avec couche de drainage (pouzzolane)

Sans couche de drainage

ATTENTION !

En cas de **forte pluie**, cette propriété du substrat sera mise à l'épreuve. À éviter : incliner la coupe comme le montre le schéma ci-dessous: le bonsaï a, dès lors, obligatoirement les pieds dans l'eau ! Attendez que l'arbre soit bien arrosé avant de le mettre à l'abri.

Cailloux ou moustiquaire...

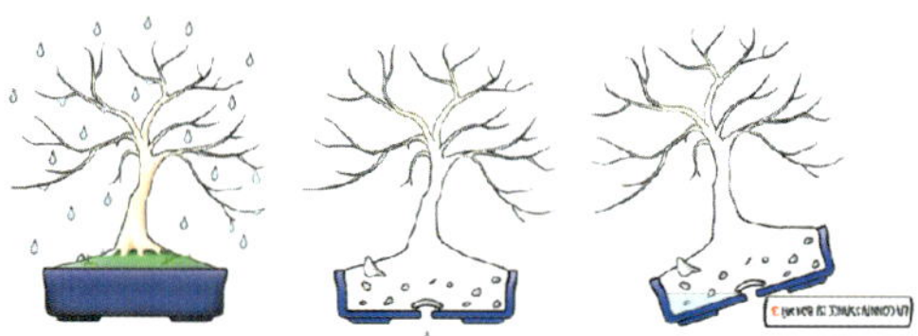

Il arrive parfois que les orifices d'évacuation s'obstruent. En effet, la terre se tasse progressivement au fur et à mesure des arrosages, le développement des racines aidant.

Un rempotage sans toucher aux racines s'impose.

ATTENTION !

Lorsque le mélange reste mouillé, l'arbre n'a pas forcément de problème au niveau des racines.

Il va en avoir…

Le rempotage

Désagréable ?

Risqué ?

À repousser aux calendes grecques ?

Inutile ??!

Un rempotage réalisé **au bon moment** consiste en un **remaniement mesuré des racines**, il est sans danger pour l'arbre.

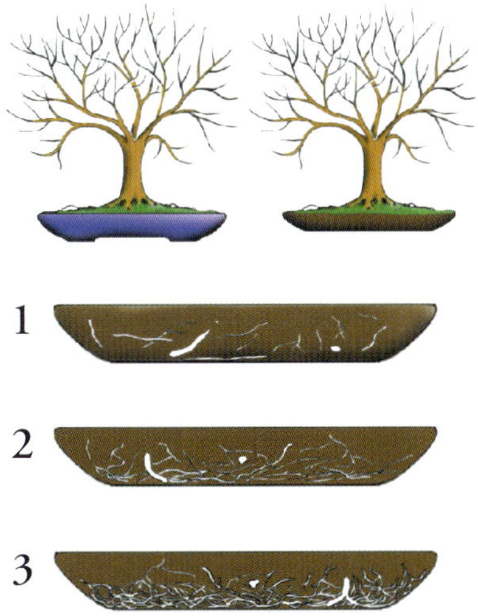

Les racines remplacent progressivement le terreau

ATTENTION !

Plus le laps de temps séparant deux rempotages est grand, plus l'écheveau de racines se densifie, rendant le travail plus **fastidieux**, voire, dans certains cas, **dangereux** pour l'arbre.

Rempotez dès le stade 2 (**intervention douce**), plutôt que le stade 3 ou plus tard (intervention plus sévère), **chaque année**.

Défaire l'écheveau de racines à la main, avec délicatesse.

Astuces

Pour les feuillus,

- s'aider d'un **jet d'eau** qui entraîne la terre au fur et à mesure que l'on démêle les racines.
- plonger le pain racinaire **dans une bassine** et désolidariser terre et racines sous l'eau, la terre se déposant au fond du récipient.

Les conifères sont cultivés dans des mélanges relativement grossiers qui s'égrènent facilement à sec.

Nombreuses racines fines ? ou grosses racines ?

Coupez environ **un tiers des racines**.

Il s'agit bien entendu d'une moyenne :
- lorsque le système racinaire est **très dense** alors, la coupe peut être effectuée **approximativement**, au jugé,
- lorsque, au contraire, les racines sont facilement dénombrables et de grosse section (pin du Japon, par exemple), alors sélectionnez, couper sous une bifurcation, gardez toujours une **radicelle active en bout de racine**.

Séance de rempotage : ici, placement des arbres. Le travail est réalisé à l'ombre, juste avant l'éclosion des bourgeons. Le rempotage se pratique rarement en intérieur…

Des racines fines et très nombreuses. *Acer palmatum*, érable palmé du Japon (7 ans) origine : bouture

Plus le nombre de racines est important, moins le rempotage est risqué.

Attention

Si les racines sont peu développées, ne coupez rien.

Votre arbre manque-t-il

d'engrais ?

de lumière ?

d'arrosage ?

Rééquilibrez les racines !

Des racines puissantes sont taillées, les plus faibles épargnées !

Lorsque l'arbre est **jeune** (moins de 5 ans) et très vigoureux, on peut couper de grosses racines.

Lorsque l'arbre est déjà âgé, la racine à couper vraiment énorme, il faut poser un garrot bien serré qui restera en place une ou deux années.

Lorsque de nouvelles radicelles auront pris le relais au-dessus du garrot, vous pourrez alors couper cette racine **sans danger**.

Astuce

Coupez progressivement les racines fortes verticales afin d'aplatir le pain racinaire.

Conservez les racines ancrées à la base du tronc : la base de celui-ci s'épaissira plus vite.

Le rempotage est nécessaire lorsque

les racines prennent trop de place dans le pot,

il y a déséquilibre progressif de l'appareil racinaire.

De même que l'on arrose **avant** que l'arbre manque d'eau,
on rempote **avant** que l'arbre manque de place !

Cela dépend :

de l'espèce (le saule pousse plus vite que le chêne)
du volume de la poterie (plus il est important, plus il pourra être retardé)
des conditions de culture... (un arbre de santé précaire peut vivoter 10 ans dans son pot sans rempotage !)

Observez, estimez, agissez... **le moment venu** : le rempotage a lieu en début de cycle végétatif (au printemps pour les caduques).

La réponse, la réponse ?... Il faut faire l'effort de désolidariser l'arbre et le pot pour l'avoir. C'est simple, sans danger, et réalisable n'importe quand dans l'année, même au plus fort de l'été !

Arbres faciles à rempoter :
érables, ormes, *Serissa* (racines "pailles"), *Ficus*.

Les racines verticales ont été coupées (vue du dessous, Érable)

Quand rempoter dans l'année ?

Pour les conifères à aiguilles,

lors de l'**émission des nouvelles racines**

en **début de cycle végétatif**.

Chez les feuillus,

au début de cycle végétatif, repérable, pour les caduques, par l'éclosion des bourgeons.
Lorsque les premières feuilles sont déployées, il est trop tard !

Pour les tropicaux,

toujours en feuilles, au printemps.

Astuce

On peut rempoter les feuillus (feuilles non vernissées) toute l'année, on doit simplement accompagner le rempotage d'un effeuillage complet en été (coupez toutes les feuilles en laissant les pétioles en place).

Le mélange idéal n'existe pas ! (Voir aussi p. 52)

Associez

du terreau de bonne qualité,
des éléments inertes (pouzzolane, graviers, sable…).

- en fonction du climat

pluies fréquentes et sur de longues périodes ? plus d'**éléments drainants**

temps sec ? plus de **terreau**

- en fonction des espèces

Certains conifères à aiguilles apprécient les sols bien aéré (cèdres, pin d'Alep, pin sylvestre, pin blanc du Japon).

Les arbres fruitiers se plaisent dans des sols plus lourds (terre de jardin et terreau)

Astuces

- **Dans le midi de la France** par exemple, la couche de drainage est facultative, il est plus intéressant de la remplacer par son équivalent en terreau, pour son rôle nutritif et sa capacité à retenir l'eau.
- En adoptant la même recette en Franche-Comté ou en Bretagne, vous risquez d'avoir à affronter quelques moisissures attaquant les racines.
- **Tapez** sur le bord du pot avec la main pour intégrer le substrat aux racines.

On rempote toujours avec un substrat **sec ou légèrement humide**.

ATTENTION !

L'utilisation de **mélanges inappropriés** confère à certaines espèces le statut peu envié de **bonsaï fragile** ! L'espèce *Carmona microphylla* (*Erethia buxifolia*) est parfois présentée comme telle. Ne changez pas l'arbre.

En cas de **problème lié à la santé des racines** (oubli d'arrosage ou excès) : placez l'arbre dans un bac de culture de grande taille rempli d'un mélange aéré (terreau et sable de rivière pas exemple) sans couper des racines vivantes.

La première mise en pot !

C'est la plus difficile…

On **réduit petit à petit** la masse de racine,

ou l'on **pose un garrot** sur la grosse racine principale pour induire l'apparition de radicelles.

Il faut compter 1 à 3 années…

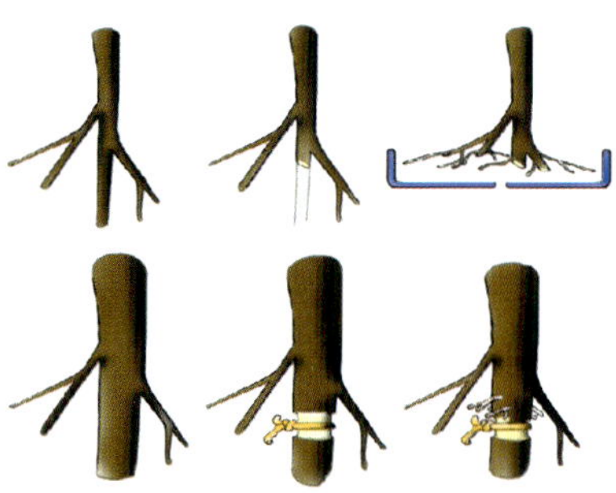

Changement de pot
Nouveau pot : nouveau bonsaï !

Poteries, lauzes et coupes

La poterie

Un bonsaï naît de l'**association d'un arbre et d'une poterie de qualité**.

Un arbre dans un pot en plastique n'est pas un bonsaï !

L'association entre arbre et pot met en jeu :
Couleur,
Forme,
Proportions,
Emplacement de l'arbre.

Le **placement** de l'arbre dans la poterie est toujours asymétrique pour des coupes **rectangulaires** ou **ovales**.

Il est souvent symétrique pour un arbre **solitaire** dans une poterie **ronde**, **carrée** ou **octogonale**.

Les arbres sont toujours en nombre impair et placés légèrement en arrière du centre de la poterie.

Trois arbres ne sont **jamais alignés**, deux arbres ne sont jamais exactement **de même hauteur**.

Ce qui est naturel et ce qui semble ne pas l'être... Telle est la question.

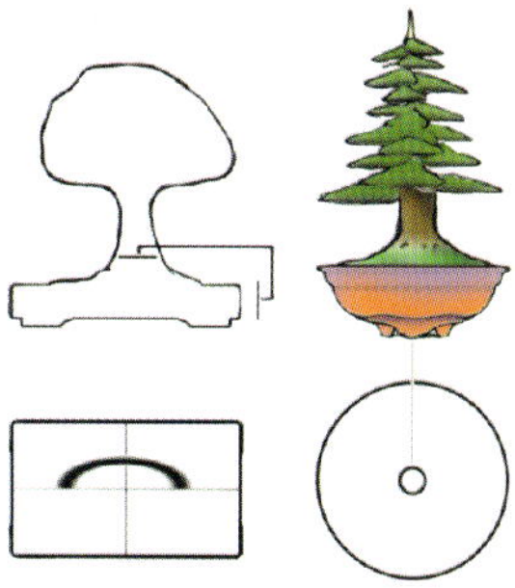

Position relative de l'arbre dans son pot

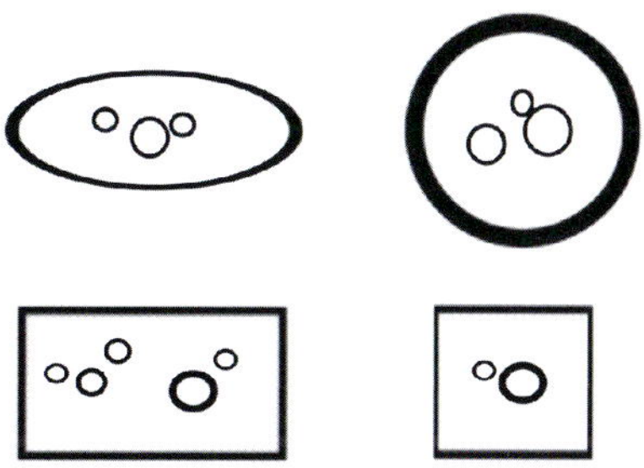

Positions relatives des arbres dans leur pot : non alignement, non symétrie, un ou plusieurs groupes, nombre d'arbres impair

Astuce

Si vous souhaitez garder la petite poterie ou la coupe extrêmement plate vendue avec l'arbre, deux astuces simples à mettre en œuvre pour espacer les arrosages : envelopper dans un sac plastique, enterrer la coupe (p. 26 et 48).

Ficus retusa
Figuier tropical

Votre bonsaï vient juste de perdre toutes ses feuilles !

Il doit probablement être très fragile, à la merci de la première maladie opportuniste.

Pour ce qui est des parasites, inutile de céder à la psychose, ceux qui figurent ici sont **très fortement grossis**.

Les maladies qui sont susceptibles d'attaquer votre arbre sont connues des professionnels, **agriculteurs** et **pépiniéristes**. Montrez l'arbre **en entier** ou bien **une feuille atteinte**, ou encore **l'agent pathogène** lorsqu'il est identifié.

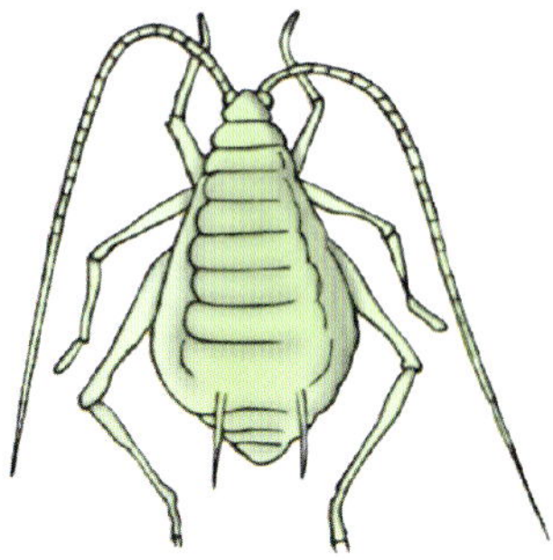

Puceron

Les insectes, crustacés, escargots : un bestiaire inquiétant…

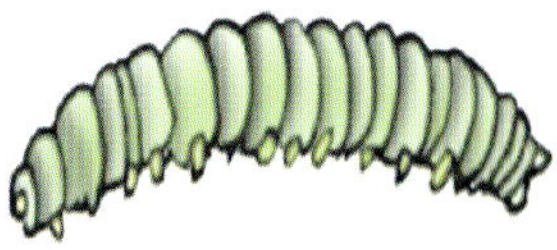

Chenille

• Les **cochenilles** forment des boucliers cireux pas toujours très facile à repérer. Il suffit de les décoller avec une aiguille ou une brosse à dent usagée lorsqu'elles sont très nombreuses et de petite taille.

Cochenille farineuse

• Les **pucerons** sont des parasites très communs. Il en existe des noirs, des gris, des verts, des jaunes, des bruns, des blancs… Ils sont facilement reconnaissables, le corps est mou, ils forment des colonies. Ils peuvent être retirés manuellement ou bien à l'aide d'un pinceau enduit d'eau savonneuse. **En grande quantité**, il affaiblissent la plante, les jeunes feuilles sont déformées. Lors d'une taille, on retire généralement les jeunes pousses sur lesquelles sont installés la majorité des pucerons : la taille est alors la première étape du traitement.

Cochenille à bouclier

• Les "**araignées rouges**" sont des acariens d'1/10 de mm environ, difficiles à distinguer à l'œil nu. Il est possible de les observer en secouant un rameau infesté au-dessus d'une feuille de papier blanc.

Le feuillage devient rapidement grisâtre à cuivré, de fines toiles sont tissées sur les feuilles.

Un nettoyage complet de la ramure est nécessaire, si possible avec une eau légèrement savonneuse. On préserve la motte de terre de tout contact, le savon n'étant pas indiqué pour les racines. La même opération sera réalisée plusieurs jours de suite. Pour éviter de nouvelles infestations, vaporisez fréquemment l'arbre, y compris sous les feuilles, et augmentez l'humidité ambiante.

"Araignée rouge"!

Astuce

Un insecticide biologique à base de roténone ou de pyrèthre peut être utilisé en complément des traitements manuels.

- Les mollusques et chenilles ne sont pas dangereux pour la vie de l'arbre, car ils ne se multiplient pas dans le bonsaï, leurs prélèvements sont généralement modestes et contrôlables. Il suffit de les récupérer... et de les relâcher assez loin.

  Dans les régions dans lesquelles les escargots pullulent, plutôt que la lutte irréfléchie et sans merci, on cherchera à isoler ses arbres en évitant de laisser les poteries reposer au sol, près d'autres végétaux.

ATTENTION !

Les antilimaces (méthaldéhydes) ne sont pas sélectifs, ils sont très dangereux pour les animaux de compagnie. Leur emploi semble peu compatible, dans l'esprit, avec la culture des bonsaï.

- Les vers de terre et cloportes se nourrissent de débris végétaux.

Vite !

Cochenilles,
pucerons
et araignées rouges

se multiplient très rapidement par **temps chaud.**

Les champignons

Les plus courants sont le **mildiou**, l'**oïdium.**

Leur présence est révélée le plus souvent par des **taches sur le feuillage**, aucun insecte suspect n'étant visible.

Les **taches sur les feuilles** sont
des brûlures,
des signes de senescence (la feuille va bientôt tomber)
ou l'œuvre d'un champignon !

De **bonnes conditions de culture** sont le meilleur des traitements préventifs. Retirez immédiatement toutes les feuilles atteintes, y compris celles tombées au sol.

La **bouillie bordelaise** et le **soufre micronisé** sont utilisables toute l'année.

Les champignons s'attaquant au tronc et aux racines sont particulièrement dangereux pour le bonsaï et généralement fatals...

Des conditions très humides, mal aérées, des outils sales augmentent les risques de transmission et d'infestation.

Les carences se manifestent aussi par des taches sur le feuillage !

La maladie est réelle, mais il n'y a pas (encore) de parasite en vue. Traiter ne sert à rien…

Lumière insuffisante : feuilles décolorées et entre-nœuds très longs

Engrais (oligoéléments absents) : fertilisation inadaptée

Acidité de la terre : chloroses, croissance faible

En bref !

De nombreuses maladies ne sont pas causées par des agents pathogènes, mais sont la conséquences de conditions de culture inadaptées qui favorisent les agresseurs opportunistes au dépens de l'arbre : par exemple, lorsque les racines meurent par asphyxie, il est normal qu'une moisissure s'y intéresse.

Traiter la "maladie", c'est jeter la responsabilité de la maladie sur l'arbre alors qu'il s'agit d'une erreur de culture.

Se préparer au combat en s'équipant d'une palette de produits phytosanitaires modernes (?) ne constitue pas une anticipation clairvoyante mais un aveu, la matérialiation d'un préjugé : le bonsaï, c'est fragile.

Les produits mis sur le marché ne sont pas la panacée, cela ne marche pas toujours, ce peut être toxique pour le végétal, souvent pour les animaux.

La seule démarche raisonnable reste : analyser, comprendre, demander de l'aide (vite !), les bons réflexes à temps, sans panique !

- repérer très tôt,
- analyser la situation (problème de culture, agent pathogène ?),
- éviter les conseils à l'emporte-pièce (ils fourmillent sur Internet) qui ne tiennent pas compte des conditions de culture, de la saison... et qui n'engage pas la responsabilité de leur auteur en cas d'erreur de diagnostic.

L'identification d'une maladie, en dehors des grands classiques, demande au moins l'analyse à partir d'une photographie ou d'un fragment de végétal infesté.

- traiter le problème par les moyens appropriés.

Quelques pistes : hiver : champignons, formes larvaires d'insectes (hannetons racines), oïdium ; printemps / été sec : araignées rouges, pucerons, cochenilles, mildiou.

ATTENTION !

- Un traitement **excessif** ne peut rattraper une situation négligée trop longtemps.
- Un produit **sous-dosé** (parce que c'est un petit arbre ?) sera inefficace.
- Un traitement **inadapté** est inefficace (fongicide pour traiter le puceron lanigère !), ou fatal (arrosage renforcé pour palier le desséchement de rameaux d'un pin du Japon… car les racines sont déjà en train de pourrir !).

1

Ficus benjamina en pleine forme

2

Incident de parcours…

3

Reprise !
(peu de feuilles : rempotage possible)

4

Grandes feuilles et rameaux morts…

Évolution d'un bonsaï tropical (*Ficus retusa*)
ayant souffert d'une attaque d'"araignées rouges"

Rameaux morts...

...et grandes feuilles

Coupe des branches mortes

Après le grand nettoyage

QFP Phytosanitaire

Je possède un *Carmona microphylla* qui a récemment manqué d'eau.

Depuis, il a récupéré de ce déficit. Cependant, une branche semble particulièrement touchée, à l'exclusion de tout le reste de l'arbre. Sur cette branche, les feuilles deviennent molles et tombent avant même d'avoir jauni.

Il s'agit d'une réaction normale après un coup de sec important. La branche qui se dessèche s'est déconnectée du reste de l'arbre, elle n'est plus approvisionnée en eau par les racines. Il ne s'agit pas d'une maladie, mais d'un effet retard. L'arbre est affaibli, il doit être hiverné au chaud et en pleine lumière.

J'ai remarqué qu'il y avait des petites taches blanches sur certaines feuilles ainsi que sur une branche. Au creux de 3 ou 4 feuilles, il y a comme du coton. Lorsqu'on y touche, ça colle et on dirait comme une petite toile d'araignée.

Il s'agit d'une cochenille ou d'un puceron lanigère. Ces parasites infestent conifères et feuillus. Le traitement biologique contre les pucerons est indiqué dans ce cas.

J'ai un petit problème avec mon bonsaï (*Serissa fœtida* ou *Carmona microphylla*, *Ulmus parvifolia*), ses feuilles deviennent toutes jaunes, et il les perd !

Au mois d'automne ou après un déménagement ou un changement d'exposition (lorsque l'arbre est rentré à l'automne), l'arbre peut se séparer de la majorité de ses feuilles. Un changement brutal de l'exposition à la lumière ressemble à un changement de saison, qui provoque alors la chute des feuilles.

Il peut aussi s'agir d'une chlorose, le plus souvent d'une carence en fer. Dans ce cas, les nervures des feuilles sont jaunes et celles-ci restent en place. Plusieurs solutions : un rempotage, une acidification de l'eau d'arrosage, ou bien l'ajout d'un produit antichlorose, le plus connu étant le séquestrène.

Mon orme de Chine de huit ans voit certaines feuilles noircir et tomber. Et d'autres tombent vertes. Que se passe-t-il ? De nouvelles pousses apparaissent.

La cause est probablement un excès d'eau conjugué à un sol compact : ces deux facteurs sont liés. Les racines sont asphyxiées. Il suffit de rempoter le bonsaï en ôtant les racines pourries et la totalité de la terre. Ensuite, le replanter dans un bac de culture le temps qu'il reprenne. Attention : si l'arbre est en feuilles, alors il est nécessaire de les couper en laissant les pétioles en place, à l'exception de quelques-unes en bout de branche ; éliminez aussi les feuilles les plus jeunes (ceci n'est pas valable pour les conifères).

J'ai remarqué des vers blancs de 5mm près des racines de mon *Serissa fœtida*. Il semblerait qu'ils se changent en petits insectes volants.

Il s'agissait donc probablement de larves d'insectes, si votre bonsaï ne montre pas de signe de maladie particulier, aucun traitement n'est alors requis.

Dégâts causés par une invasion d'araignées rouges (invisibles à l'œil nu) sur *Ulmus chinensis*, orme de Chine

Prélèvements par des chenilles et escargots sur *Celtis australis*, micocoulier

Prélèvements provoqués par une chenille (pas de traitement)

Taches provoquées par un ensoleillement direct excessif : les feuilles brunissent en l'espace de quelques minutes

Taches provoquées par un produit de traitement utilisé en plein soleil (il s'agit ici d'un produit biologique)

Des colonies de pucerons se sont installées sur mon orme. Je les ai éliminées très tôt manuellement. Je constate, depuis, la présence de dépôts noirâtres sur les feuilles qui ondulent.

Ce dépôt est dû au développement d'un champignon dont l'appellation imagée est "fumagine". Ce champignon microscopique se nourrit du miellat produit par les pucerons déposé sur les feuilles. Un simple nettoyage à l'eau suffit. Ce dépôt diminue la photosynthèse sans mettre la vie de l'arbre en danger, mais il est surtout peu esthétique.

Une moisissure est apparue à la surface de la terre, dois-je m'en inquiéter ?

Absolument pas. Les moisissures dangereuses pour les racines du bonsaï se développent en profondeur, à la faveur d'un régime d'arrosage excessif pour une terre trop compacte. Cette moisissure est celle d'un champignon qui se nourrit de matière en décomposition et qui profite donc indirectement au bonsaï. La terre est vivante.

En rempotant mon *Podocarpus*, j'ai constaté la présence de capsules sur les racines (environ 1/2 à 1 mm). Dois-je m'en inquiéter ?

Non. Ces capsules sont des nodosités qui abritent des bactéries symbiotiques. Elles permettent à l'arbre de se fournir en azote assimilable (celui de l'air ne l'est pas).

Comment faire pour avoir de la mousse en permanence sur mes bonsaï, qu'ils soient d'extérieur ou d'intérieur ?

Les mousses se développent lorsque plusieurs conditions sont réunies : une forte humidité, un sol acide, une température relativement basse et une situation ombragée. Généralement, en été, la mousse régresse, car les bonsaï sont exposés au soleil au moins durant une partie de la journée. Elles se "ressèment" en automne. Le bonsaï caduque perd sa parure verte, le sol la lui reprend.

La forme de chaque branche et l'écart de l'une à l'autre sont maintenus artificiellement.

Presque droit !

Encore jeune et déjà naturel

Un tronc qui ondule : un bon départ

En balai ?

Une inclinaison, un penchant…

Celtis australis, micocouliers, prélevés dans un jardin
(4 à 6 ans environ)

La formation, la deuxième façon d'être en forme (pour un bonsaï)

Pour **garder sa forme,**
un bonsaï doit être régulièrement **pincé** !
afin **d'arrêter** la croissance du rameau
et provoquer l'apparition
de nouveaux rameaux plus bas.

Chez les **feuillus,**
on enlève le **bourgeon terminal**
ou les **dernières feuilles** de chaque rameau.

Ulmus campestris, orme champêtre
Différents pincements d'un rameau :
on retire seulement le bourgeon terminal
ou bien des entrenœuds,
en fonction de la correction visée.

Enlevez le bourgeon final et le rameau se densifiera...

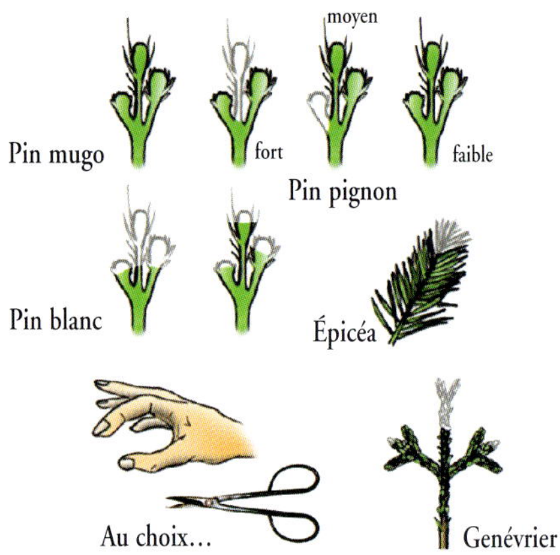

Chez les **pins,** on retire
le bourgeon le **plus fort**
le **plus faible**
ou **rien du tout,**
selon la **vigueur** de la branche !

On taille les autres en automne.

> **Astuce**
>
> Les pins se taillent avec le ciseaux,
> les autres manuellement.

ATTENTION !!!

Chez les pins, un rameau sans aiguille est un rameau mort.

Chez les **conifères à écailles**, on retire les "têtes" les plus actives.

> **Astuce**
>
> - Les bourgeons du pin blanc du Japon sont égalisés,
> - ceux des pin d'Alep et pin pignon (*Pinus halepensis* et *Pinus pinea*) sont retirés dès que la longueur du rameau est suffisante.
> - Les **nouvelles pousses** à retirer sont vert clair et se détachent nettement des feuilles plus anciennes.

En **bonne santé,**

un bonsaï **pousse** régulièrement,

en **continu** ou par **étapes successives** (cycles végétatif).

Le bonsaï **change de forme** ou **garde sa silhouette et se densifie.**

Laissez pousser… puis taillez

La chasse aux indices :

Recherchez **les défauts,**

tout ce qui se remarque comme n'étant pas naturel.

Le défaut n'est pas propre au végétal,

il est **dans le regard du spectateur.**

Astuce

- Pour qu'un bonsaï puisse être formé, il faut de la matière : de nombreuses branches.
- On peut laisser partir une branche dans le seul but d'épaissir le tronc.

UN BONSAÏ PARFAIT, CELA N'EXISTE PAS, UN BONSAÏ SANS DÉFAUT, SI.

Évolution réversible d'une taille à l'autre

Pin d'Alep ou pin pignon ?

Défauts

Bourrelets

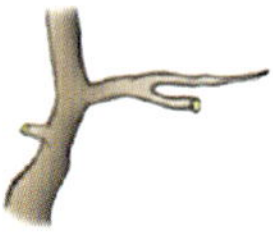

Branches coupées

Fourche branche-tronc

“araignée”

Conicité inverse

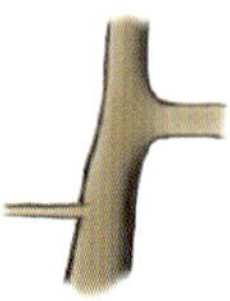

Grosses branches en haut
petites en bas

Points faibles

Coupe ENÔRME bien visible

Implantations suspectes !

Implantations à même hauteur

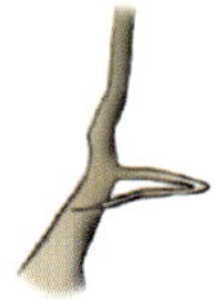

Retour vers le tronc

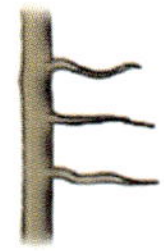

Implantations alignées

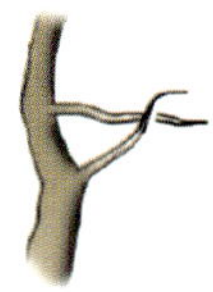

Branches croisées

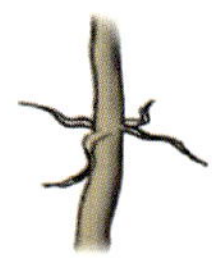

Implantations en rayons

Branche insérée dans une courbe

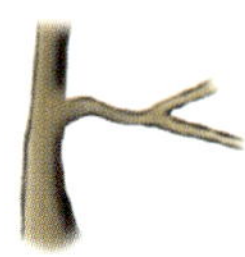

Branche fourchue

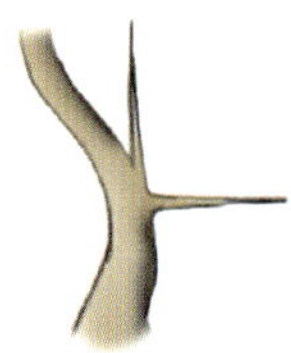

Rejet vertical,
deux branches
perpendiculaires !

Le hasard, le naturel s’oppose au symétrique, aux alignements, aux coupes fraîchement réalisées.

Un seul défaut attire l’œil et...

la magie ne prend pas !

Choisissez votre face !

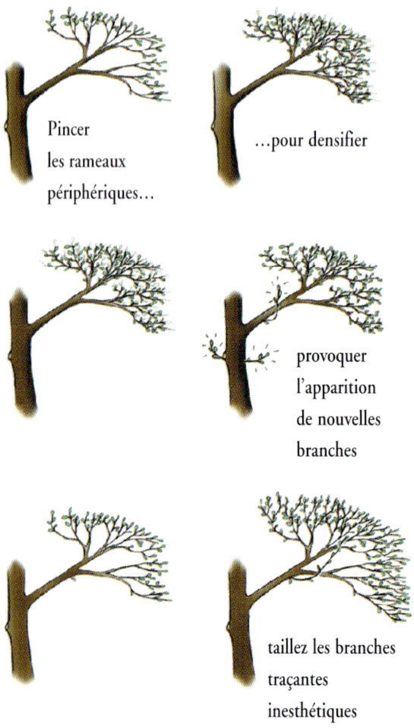

Transformer un plant de pépinière

en bonsaï

est un exercice très formateur.

Trouvez la **face** la plus intéressante,
la **cime** de votre futur bonsaï.

Éliminez sélectivement branches et rameaux.

Faire évoluer un bonsaï du commerce

Prérequis : un arbre en bonne santé !

Gardez la forme (de l'arbre).

Éliminez progressivement les défauts
au gré des tailles et des repousses successives.

Un bonsaï, deux logiques :

- Les branches sont organisées autour du tronc en une spirale se resserrant plus on s'approche de la cime.
- Le bonsaï a généralement une face !

Astuce !

Les branches les plus longues
ne doivent pas se diriger
vers le spectateur, car,
dans ce cas, il ne peut, faute
de perspective, les apprécier !

Sélectionnez des insertions alternes… jusqu'aux derniers rameaux de l'année

Observer de vieux arbres

La vérité est dans les arbres !

- Les racines affleurantes donnent à l'arbre son **assise**, en complément avec les parties aériennes. L'arbre doit donner l'**impression de stabilité**. Ainsi, un arbre incliné doit être pourvu d'un enracinement asymétrique ; dans le cas contraire, l'équilibre semble bien précaire…
- Le tronc issu d'une croissance régulière, sans accidents majeurs, **s'affine progressivement**, de sa base jusqu'au sommet et au bout de chaque branche.

Rééquilibrez…

- les branches en sélectionnant des rameaux dont l'implantation est alterne.
- en pinçant régulièrement les pousses périphériques, l'arbre se régénère de l'intérieur (inefficace pour les conifères à aiguilles)

Raccourcir… sans que cela se voie
coupez en biseau
à la base d'un rameau,

redressez celui-ci
dans l'axe de la partie coupée.

Raccourcir à l'aide d'une branche-relais

Astuce

Le feuillage peut cacher des coupes coupables.

ATTENTION !

- Choisissez une branche facile à redresser, mais pas trop fine quand même
- Mastiquez le biseau pour que la branche cicatrise.

Comparaison

À partir d'une graine, 12 ans après, le tronc du sujet cultivé en bonsaï s'est effilé alors que l'autre présente une épaisseur constante.

Les techniques essentielles…

ne sont pas difficiles à mettre en œuvre !

LES TECHNIQUES RÉVERSIBLES…

Le haubannage

modifie la direction de la branche.

Il existe d'inombrables possibilités.

On peut utiliser du fil à ligaturer
ou bien de la corde.

> **Astuce**
>
> Pour un haubannage discret, utilisez du fil de pêche.

Le ligaturage

consiste à **entourer une branche d'un fil métallique, afin d'en modifier la forme.**

On utilise du **fil d'aluminium** adapté à la pratique du bonsaï.

> **Astuce**
>
> Relativement onéreux, il est, en revanche, **réutilisable** à l'infini.

Posé de préférence courant **août**,

ATTENTION !

Pas plus de 6 mois !

Le fil enroulé autour de la branche lui retire une propriété : celle de revenir en place après un déplacement.

Mais il empêche la branche de s'épaissir, il est donc essentiel de le retirer avant qu'il ne la marque ,

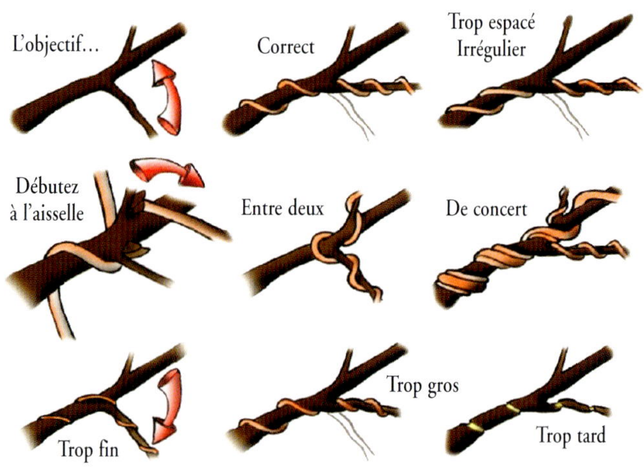

Pas trop tôt non plus,
sinon la branche risque d'oublier sa nouvelle forme !
Deux solutions,

pose et dépose successive de la ligature,
utilisation de **haubans**.

Les techniques irréversibles...

L'écorçage

consiste à **retirer l'écorce** !

Cette technique simple est à mettre en œuvre... à bon escient.

Elle permet de
renforcer le caractère âgé,
redresser visuellement une anomalie (bourrelet, décrochage).

Ligaturage printanier,
juste avant l'éclosion des bourgeons

Dans le prolongement d'une branche morte, on traite ainsi les troncs et grosses branches de conifères en arrachant l'écorce selon le fil du bois, remplacement de la cime.

On cherche à imiter les conifères d'altitude, qui gardent très longtemps leurs branches mortes.

La création de bois morts

des branches mortes,
dans un but esthétique !

Quels arbres portent leurs branches mortes suffisamment longtemps pour qu'elles soient évocatrices ?

ATTENTION !

Les zones écorcées doivent être **surveillées et traitées régulièrement** avec un produit spécifique.

L'évidage, ici, rend l'arbre plus asymétrique

L'évidage

est un écorçage approfondi.
très courant chez les **feuillus**, qui se creusent rapidement après la disparition de l'écorce protectrice.

Rappelons ici que **les tissus accumulés au centre du tronc sont déjà morts** :
lorsqu'un champignon creuse ainsi l'arbre, il ne met pas directement la vie de ce dernier en danger.

Les modèles…

…**japonais** sont indiscutablement les mieux connus, à ceci près que leur nombre varie d'un auteur à l'autre !

Ils ne sont qu'indicatifs.

L'amateur reste **libre** dans ses choix.

paysage

courbé

creusé

en balai

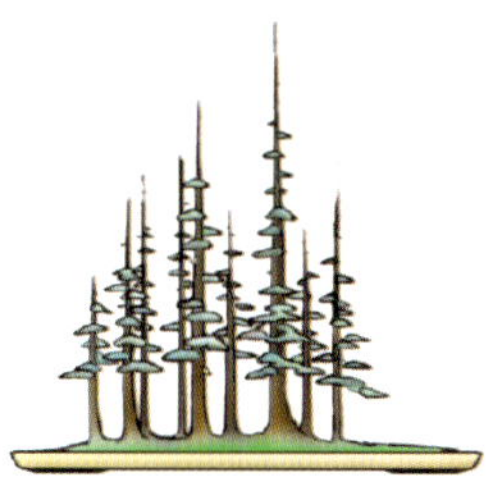

9 troncs

droit

bosquet

sur roche

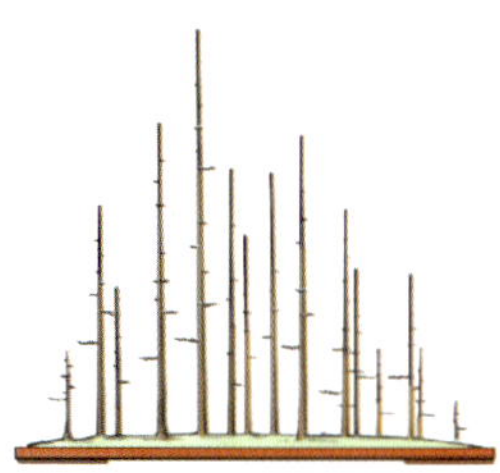

forêt

enroulé

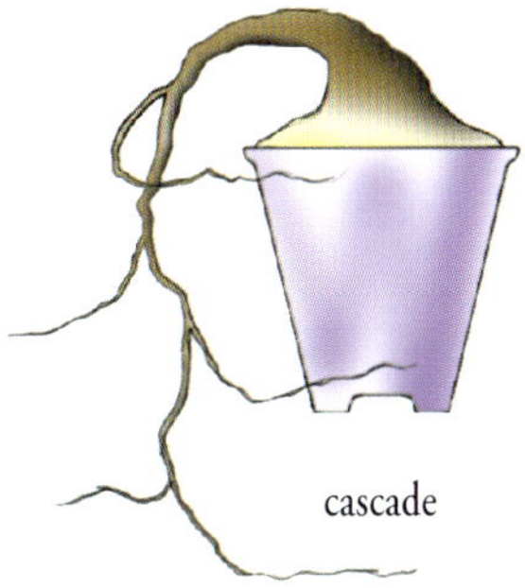

cascade

soufflé par le vent

penché

5 troncs

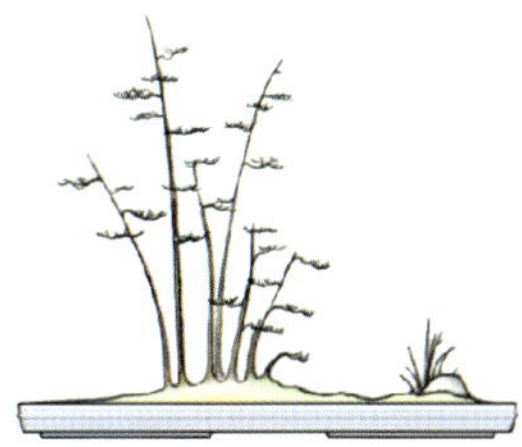

7 troncs

3 troncs

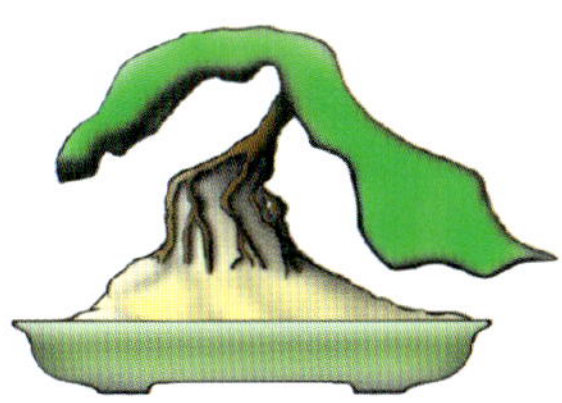

contre une roche

semi-cascade

2 troncs

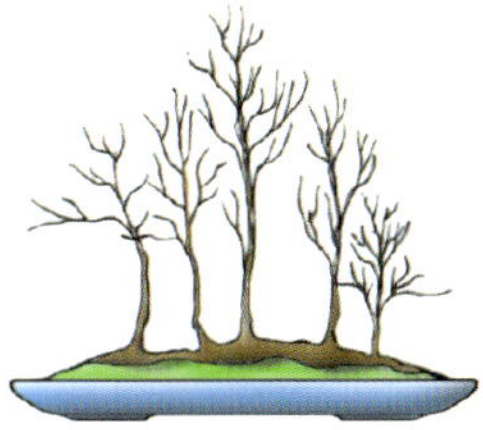

radeau

"lettré"

QFP Esthétique

Quand et comment faut-il tailler un bonsaï ?

Dès le printemps, par des tailles douces, durant la bonne saison, laissez un stock de feuilles important. En hiver, l'absence de feuilles permet d'envisager des coupes importantes.

J'ai mis en pot un marronnier, peut-on en faire un bonsaï ?

Le marronnier est un arbre tout à fait adapté à la culture en bonsaï, à condition d'en faire un sujet relativement grand (environ 1 m). En effet, la grande taille de ses feuilles doit rester en rapport avec celle de l'arbre.

Dois-je couper les extrémités de branches qui semblent mortes ?

Bien sûr, si ces dernières ne sont pas esthétiques. Cependant, la cause du desséchement doit être élucidée. En cas de problème lié à la régularité dans la culture, toute formation est illusoire.

J'ai prélevé un jeune arbre dans la nature et je désire en faire un bonsai.

Les prélèvements “dans la nature” sont interdits. Il est nécessaire d'obtenir l'accord du propriétaire du terrain, de la commune ou de l'ONF. Un arbre acquis illégalement culpabilise efficacement son propriétaire.

Ficus carica
Figuier du Midi

À vous de jouer ...

Multipliez, et créez vos bonsaï ! (…en 5 ans)

Votre arbre préféré... sur le rebord de la fenêtre. C'est possible !

Le semis

Long, mais prometteur (pas de grosses coupes).

Astuce

Coupez dès la première année les racines verticales.

Si vous trouvez le temps long, élevez 4 ou 5 plants en parallèle (on devient vite producteur !).

Le bouturage

permet de **gagner quelques années**…

ATTENTION !

tout ne se bouture pas facilement !

Le marcottage

maintenir l'**humidité constante** autour de l'entaille en réhaussant la terre ou en fabriquant une poche remplie de mousse humide.

Rabattre un plant de pépinière

Créez

des solitaires (un arbre, plusieurs arbres ou groupes d'arbres),
des paysages (un arbre + un ou plusieurs éléments),
une scène…

À vous de jouer !

Il n'y a pas, dans le domaine du bonsaï, de secret. Pour un bonsaï, **la période d'essai est d'1 an**. Celui qui saura traverser les saisons, éviter les pièges des premières chaleurs du printemps, adapter ses soins au végétal poura dire qu'il a réussi. Il devra cependant, chaque année, renouveler l'exploit…

Dès lors, la diversité du matériau aidant, il pourra donner libre cours à son imagination, créer des solitaires, des paysages… accéder à un monde différent parce qu'idéal.

Bienvenue.

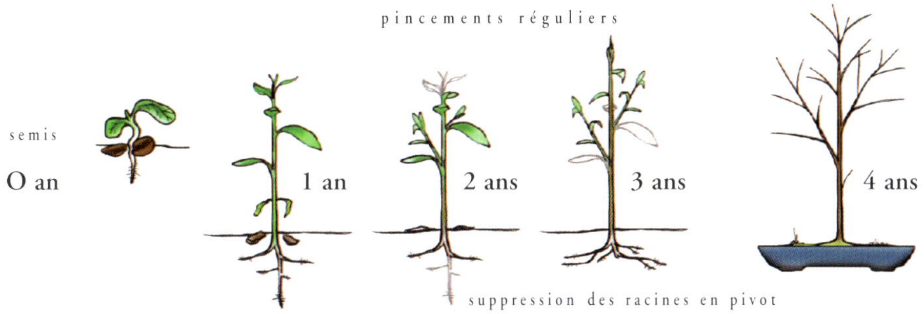

Croissance d'un bonsaï à partir d'un semis

Obtention d'un bonsaï à partir d'un bouturage

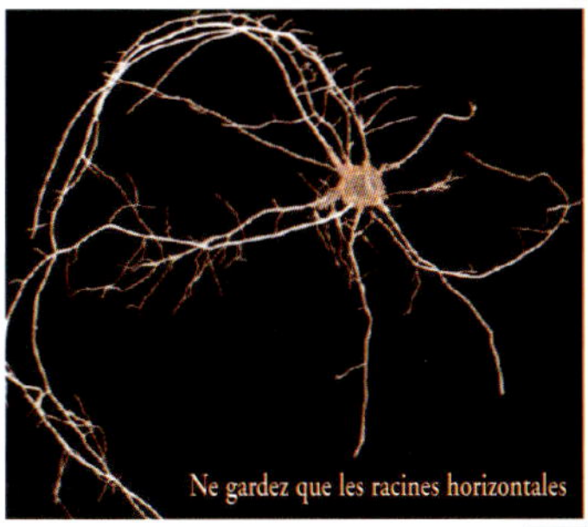

Vue de dessous

Bouture de frêne
(*Fraxinus excelsior*)

Vue de profil

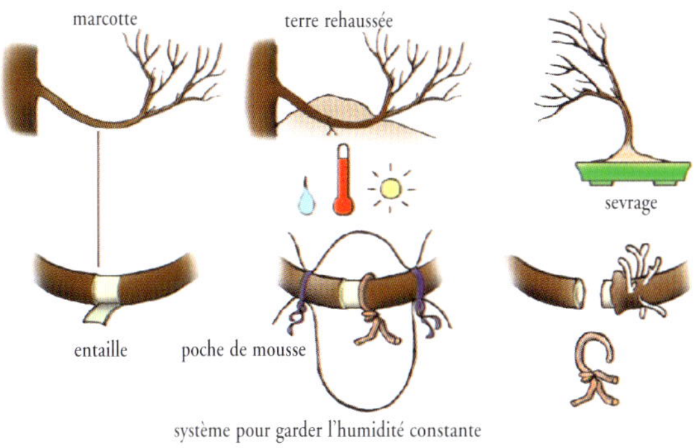

Obtention d'un bonsaï à partir d'un marcottage

Rabattre un plant de pépinière

Table des matières

* Questions Fréquemment Posées.

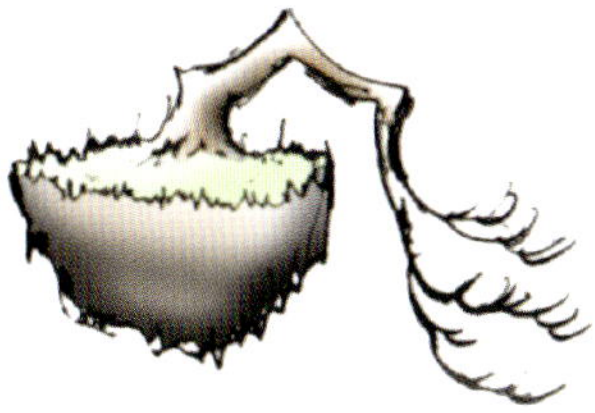

Le Bonsaï, pas à pas

Texte, dessins, photographies*, retouche d'image et photocomposition de l'auteur.

Crédits photographiques

*Toutes les photographies et plantes sont de l'auteur, exceptés :
Madame Claude Mouchard (photographie et bonsaï, p. 11),
Monsieur Marc Gély (bonsaï, p. 6/érable ; p. 33),
Monsieur Laurent Huet (bonsaï, p. 5).

Du même auteur :

La Connaissance du Bonsaï (3 tomes)

- tome 1 : La physiologie et la structure
- tome 2 : Les techniques et les méthodes de formation
- tome 3 : L'esthétique et la philosophie (en préparation)

Le site portail "Le Webzine du Bonsaï", votre guide internet :
http://majeos.ifrance.com/BONSAI

Rubriques complètes, Extraits de publications, jeux, animations, le "bonsaï-portaï" (liens vers des listes d'adresses), points de vente (professionnels du bonsaï), clubs, etc.

Achevé d'imprimer en Février 2003
Dépot légal à parution

Imprimé en U. E.